이시원 선생님의

어린이
기초 말하기

1

S 시원스쿨닷컴

책의 구성과 특징

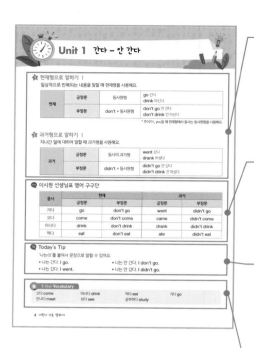

오늘의 학습 포인트

이시원 선생님의 어린이 기초 말하기 강의에 나오는 주요 학습 내용을 다루고 있습니다. 정확한 말하기에 필수적인 문법 내용이 정리되어 있고, 강의에서 나온 내용을 바탕으로 좀 더 심화된 내용을 다루고 있습니다.

이시원 선생님의 영어 구구단

이시원 선생님이 강조하고 있는 영어의 체득을 위한 연습이 가능할 수 있도록 강의에서 공부했던 주요 내용을 표 형태로 정리하여 내용을 구조화하였습니다.

Today's Tip

오늘의 학습 내용과 말하기에 유용한 팁을 제공하여 다양한 표현을 알려주고 다양한 문장에 대한 이해를 도울 수 있게 정리된 부분입니다.

5 Star Vocabulary

이시원 선생님의 강의에서 실생활에 다루고 있는, 자주 쓰이는 필수 단어를 선정하여 연습 문제에서 활용할 수 있도록 제시하였습니다.

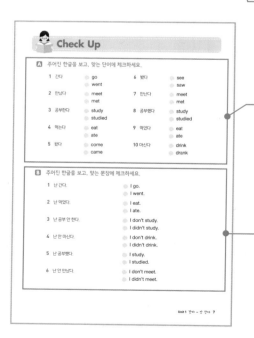

Check Up A

이시원 선생님의 강의에서 나온 필수 단어와 표현, 그리고 좌측 페이지에서 학습한 주요 학습 내용을 바탕으로 오늘의 학습 내용을 확인하는 연습문제입니다. 주어진 한글을 보고 알맞은 단어나 구절을 체크합니다.

Check Up B

이시원 선생님의 강의에서 나온 내용을 토대로 오늘의 학습 포인트에서 다룬 말하기를 위한 문법이 적용된 문장을 익힐 수 있는 연습문제입니다. 주어진 한글을 보고 알맞은 문장을 체크합니다.

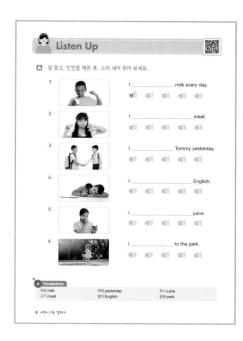

Listen Up

듣기 연습 코너입니다. 사진을 보고 내용을 유추한 후 음원을 듣고 빈 칸에 알맞은 단어나 표현을 씁니다.

학습 방법

(1) 아래 단어를 확인합니다.
(2) 주어진 사진을 보고 문장을 유추해 봅니다.
(3) QR 코드를 찍어 음원을 듣고, 빈칸에 정답을 씁니다.
(4) 정답을 확인합니다.
(5) 스피커 아이콘에 체크를 하면서 문장을 자연스럽게 말할 수 있을 때까지 연습합니다.

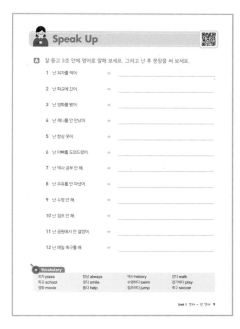

Speak Up

말하기 연습 코너입니다. 주어진 한글을 읽거나 들으면서 3초 안에 영어로 말한 후, 직접 문장을 씁니다.

학습 방법

(1) 아래 단어를 확인합니다.
(2) QR 코드를 찍어 음원을 재생합니다.
(3) 한글 음원을 듣고, "Your turn"이 나오면 영어로 말해 봅니다.
(3) 말하기가 끝난 후 나오는 원어민 음성을 들으며 내가 말한 문장과 비교해 봅니다.
(4) 다시 음원을 들으며 문장을 씁니다.
(5) 정답을 확인합니다.

Contents

Unit 1 간다 - 안 간다

⭐ 현재형으로 말하기 ㅣ

일상적으로 반복되는 내용을 말할 때 현재형을 사용해요.

현재	긍정문	동사원형	go 간다 drink 마신다
	부정문	don't + 동사원형	don't go 안 간다 don't drink 안 마신다

* 주어가 I, you일 때 현재형에서 동사는 동사원형을 사용해요.

✌️ 과거형으로 말하기 ㅣ

지나간 일에 대하여 말할 때 과거형을 사용해요.

과거	긍정문	동사의 과거형	went 갔다 drank 마셨다
	부정문	didn't + 동사원형	didn't go 안 갔다 didn't drink 안 마셨다

💬 이시원 선생님표 영어 구구단

동사	현재		과거	
	긍정문	부정문	긍정문	부정문
가다	go	don't go	went	didn't go
오다	come	don't come	came	didn't come
마시다	drink	don't drink	drank	didn't drink
먹다	eat	don't eat	ate	didn't eat

💡 Today's Tip

'나는(I)'를 붙여서 문장으로 말할 수 있어요.

- 나는 간다. I go.
- 나는 갔다. I went.
- 나는 안 간다. I don't go.
- 나는 안 갔다. I didn't go.

5 Star Vocabulary

오다 come	마시다 drink	먹다 eat	가다 go
만나다 meet	보다 see	공부하다 study	

Check Up

A 주어진 한글을 보고, 맞는 단어에 체크하세요.

1 간다
- go
- went

2 만났다
- meet
- met

3 공부한다
- study
- studied

4 먹는다
- eat
- ate

5 왔다
- come
- came

6 봤다
- see
- saw

7 만난다
- meet
- met

8 공부했다
- study
- studied

9 먹었다
- eat
- ate

10 마신다
- drink
- drank

B 주어진 한글을 보고, 맞는 문장에 체크하세요.

1 난 간다.
- I go.
- I went.

2 난 먹었다.
- I eat.
- I ate.

3 난 공부 안 한다.
- I don't study.
- I didn't study.

4 난 안 마신다.
- I don't drink.
- I didn't drink.

5 난 공부했다.
- I study.
- I studied.

6 난 안 만났다.
- I don't meet.
- I didn't meet.

A 잘 듣고, 빈칸을 채운 후, 소리 내어 읽어 보세요.

1

I _____ milk every day.

☑️🔊 2️⃣🔊 3️⃣🔊 4️⃣🔊 5️⃣🔊

2

I _____ _____ meat.

1️⃣🔊 2️⃣🔊 3️⃣🔊 4️⃣🔊 5️⃣🔊

3

I _____ Tommy yesterday.

1️⃣🔊 2️⃣🔊 3️⃣🔊 4️⃣🔊 5️⃣🔊

4

I _____ _____ English.

1️⃣🔊 2️⃣🔊 3️⃣🔊 4️⃣🔊 5️⃣🔊

5

I _____ _____ juice.

1️⃣🔊 2️⃣🔊 3️⃣🔊 4️⃣🔊 5️⃣🔊

6

I _____ to the park.

1️⃣🔊 2️⃣🔊 3️⃣🔊 4️⃣🔊 5️⃣🔊

Vocabulary

우유 milk	어제 yesterday	주스 juice
고기 meat	영어 English	공원 park

Speak Up

A 잘 듣고 3초 안에 영어로 말해 보세요. 그러고 난 후 문장을 써 보세요.

1 난 피자를 먹어. ➡ _____

2 난 학교에 갔어. ➡ _____

3 난 영화를 봤어. ➡ _____

4 난 제니를 안 만났어. ➡ _____

5 난 항상 웃어. ➡ _____

6 난 아빠를 도와드렸어. ➡ _____

7 난 역사 공부 안 해. ➡ _____

8 난 우유를 안 마셨어. ➡ _____

9 난 수영 안 해. ➡ _____

10 난 점프 안 해. ➡ _____

11 난 공원에서 안 걸었어. ➡ _____

12 난 매일 축구를 해. ➡ _____

Vocabulary

피자 pizza	항상 always	역사 history	걷다 walk
학교 school	웃다 smile	수영하다 swim	경기하다 play
영화 movie	돕다 help	점프하다 jump	축구 soccer

Unit 2 좋아한다 - 안 좋아한다

⭐ 현재형으로 말하기 II

일반적인 사실을 말할 때 현재형을 사용해요.

현재	긍정문	동사원형	like 좋아한다 have 갖고 있다
	부정문	don't + 동사원형	don't like 안 좋아한다 don't have 안 갖고 있다

* 주어가 I, you일 때 현재형에서 동사는 동사원형을 사용해요.

⭐ 과거형으로 말하기 II

과거의 사실에 대해 말할 때 과거형을 사용해요.

과거	긍정문	동사의 과거형	liked 좋아했다 had 갖고 있었다
	부정문	didn't + 동사원형	didn't like 안 좋아했다 didn't have 안 갖고 있었다

💬 이시원 선생님표 영어 구구단

동사	현재		과거	
	긍정문	부정문	긍정문	부정문
좋아하다	like	don't like	liked	didn't like
공부하다	study	don't study	studied	didn't study
보다	see	don't see	saw	didn't see
가지다	have	don't have	had	didn't have

💡 Today's Tip

my는 '내 ~, 나의 ~'라는 뜻으로 명사와 함께 말할 수 있어요.

- 내 친구 my friend
- 내 여동생 my sister
- 나의 어머니 my mother
- 내 가방 my bag
- 내 자리 my seat
- 나의 집 my house

5 Star Vocabulary

가지고 오다 bring	가지다 have	좋아하다 like	만나다 meet
읽다 read	보다 see	공부하다 study	

Check Up

A 주어진 한글을 보고, 맞는 단어에 체크하세요.

1 갖고 온다
- bring
- brought

2 본다
- see
- saw

3 갖고 있었다
- have
- had

4 좋아한다
- like
- liked

5 봤다
- see
- saw

6 갖고 있다
- have
- had

7 갖고 왔다
- bring
- brought

8 만난다
- meet
- met

9 읽는다
- read [riːd]
- read [red]

10 좋아했다
- like
- liked

B 주어진 한글을 보고, 맞는 문장에 체크하세요.

1 난 만났다.
- I meet.
- I met.

2 난 안 봤다.
- I don't see.
- I didn't see.

3 난 안 읽는다.
- I don't read.
- I didn't read.

4 난 안 가져왔다.
- I don't bring.
- I didn't bring.

5 난 공부 안 했다.
- I don't study.
- I didn't study.

6 난 시간이 있다.
- I have time.
- I had time.

Listen Up

A 잘 듣고, 빈칸을 채운 후, 소리 내어 읽어 보세요.

1

I _____ math.

2

I _____ a big dog.

3

I _____ _____ books.

4

I _____ _____ the ball.

5

I _____ _____ vegetables.

6

I _____ Jane yesterday.

🎯 **Vocabulary**

수학 math	강아지 dog	공 ball
큰 big	책 book	야채 vegetable

Speak Up

A 잘 듣고 3초 안에 영어로 말해 보세요. 그러고 난 후 문장을 써 보세요.

1 난 하늘을 봐. ➡ _____

2 난 애나를 안 만났어. ➡ _____

3 난 지우개를 갖고 있었어. ➡ _____

4 난 연필을 안 갖고 있었어. ➡ _____

5 난 물고기를 좋아해. ➡ _____

6 난 영어 공부 안 해. ➡ _____

7 난 운전 안 해. ➡ _____

8 난 시간이 없었어. ➡ _____

9 난 내 가방을 가져왔어. ➡ _____

10 난 토끼를 안 좋아해. ➡ _____

11 난 내 삼촌을 만났어. ➡ _____

12 난 요리 안 했어. ➡ _____

Vocabulary

~을 보다 look at	연필 pencil	운전하다 drive	토끼 rabbit
하늘 sky	물고기 fish	시간 time	삼촌 uncle
지우개 eraser	영어 English	가방 bag	요리하다 cook

Unit 3 가져온다 - 안 가져온다

⭐ 현재형으로 말하기 Ⅲ

일상적으로 반복되는 내용이나 일반적인 사실을 말할 때 현재형을 사용해요.

현재	긍정문	동사원형	bring 가져온다, 데리고 온다 take 가져간다, 데리고 간다
	부정문	don't + 동사원형	don't bring 안 가져온다, 안 데리고 온다 don't take 안 가져간다, 안 데리고 간다

* 주어가 I, you일 때 현재형에서 동사는 동사원형을 사용해요.

⭐ 과거형으로 말하기 Ⅲ

지나간 일이나 과거의 사실에 대해 말할 때 과거형을 사용해요.

과거	긍정문	동사의 과거형	brought 가져왔다, 데리고 왔다 took 가져갔다, 데리고 갔다
	부정문	didn't + 동사원형	didn't bring 안 가져왔다, 안 데리고 왔다 didn't take 안 가져갔다, 안 데리고 갔다

💬 이시원 선생님표 영어 구구단

동사	현재		과거	
	긍정문	부정문	긍정문	부정문
가져오다	bring	don't bring	brought	didn't bring
가져가다	take	don't take	took	didn't take
두고 오다	leave	don't leave	left	didn't leave

💡 Today's Tip

and는 '그리고'라는 의미로 정보를 첨가하거나 시간의 순서를 말할 때 사용해요.

• 나는 신발은 밖에 뒀고 가방은 여기 뒀어.

  I left my shoes outside and I left my bag here.

💡 5 Star Vocabulary

가져오다 bring	찾다 find	받다 get	두고 오다 leave
가져가다 take	가르치다 teach	쓰다 write	

Check Up

A 주어진 한글을 보고, 맞는 단어에 체크하세요.

1 썼다
- write
- wrote

2 가르친다
- teach
- taught

3 찾았다
- find
- found

4 두고 왔다
- leave
- left

5 데리고 온다
- bring
- brought

6 데리고 갔다
- brought
- took

7 가져온다
- bring
- take

8 데리고 간다
- bring
- take

9 가져갔다
- brought
- took

10 두고 온다
- bring
- leave

B 주어진 한글을 보고, 맞는 문장에 체크하세요.

1 난 그것을 쓴다.
- I write it.
- I wrote it.

2 난 영어를 가르친다.
- I teach English.
- I taught English.

3 난 그것을 안 가져갔다.
- I don't take it.
- I didn't take it.

4 난 그것을 안 가져온다.
- I don't bring it.
- I didn't bring it.

5 난 그것을 두고 왔다.
- I leave it.
- I left it.

6 난 그것을 찾았다.
- I find it.
- I found it.

Listen Up

A 잘 듣고, 빈칸을 채운 후, 소리 내어 읽어 보세요.

1

I _____ storybooks.

2

I _____ _____ my textbook.

3

I _____ science at school.

4

I _____ my shoes.

5

I _____ my umbrella.

6

I _____ _____ a present.

Vocabulary

동화책 storybook	과학 science	우산 umbrella
교과서 textbook	신발 shoes	선물 present

Speak Up

A 잘 듣고 3초 안에 영어로 말해 보세요. 그러고 난 후 문장을 써 보세요.

1 난 편지를 써. ➡ _____

2 난 한국어를 안 가르쳐. ➡ _____

3 난 내 공책을 찾았어. ➡ _____

4 난 내 양말을 안 가져왔어. ➡ _____

5 난 내 모자를 두고 왔어. ➡ _____

6 난 이거 안 받았어. ➡ _____

7 난 수학을 가르쳐. ➡ _____

8 난 안 울어. ➡ _____

9 난 책을 한 권 썼어. ➡ _____

10 난 내 자를 못 찾았어. ➡ _____

11 난 여름에 스케이트 안 타. ➡ _____

12 난 집에 내 거울을 두고 왔어. ➡ _____

Vocabulary

편지 letter	양말 socks	책 book	여름 summer
한국어 Korean	모자 hat	자 ruler	거울 mirror
공책 notebook	울다 cry	스케이트 타다 skate	집에 at home

Unit 4 그것을 가져간다

⭐ it과 현재 표현 말하기

동사원형 + it	
Take it. 그걸 가져가. Leave it. 그걸 두고 가(와). Bring it. 그걸 가져와.	Put it. 그걸 놓고 가. Keep it. 그걸 갖고 있어. Hold it. 그걸 잡고 있어.

* 명령문에서 맨 앞에 Don't를 붙이면 '~하지 마'라는 의미가 돼요.

⭐ this/that과 현재 표현 말하기

동사원형 + this		동사원형 + that	
이것 this	Take this. 이걸 가져가. Leave this. 이걸 두고 가. Keep this. 이걸 갖고 있어. Hold this. 이걸 잡고 있어.	저것 that	Bring that. 저걸 가져와. Leave that. 저걸 두고 와. Keep that. 저걸 갖고 있어. Hold that. 저걸 잡고 있어.

💬 이시원 선생님표 영어 구구단

동사원형	up / down	동사원형	here / there
leave	Leave it up. Leave it down.	bring	Bring that here.
		take	Take this there.
put	Put it up. Put it down.	hold	Hold it here.
		keep	Keep it there.

* Put it together. 그걸 붙여 놔. 그걸 조립해.

💡 Today's Tip

up은 '위로, 위에', down은 '아래로, 아래에'의 의미로, 높낮이를 말할 때 사용해요.
here은 '여기', 가까운 곳, there은 '저기', 먼 곳을 말할 때 사용해요.

- 그걸 내려 놔. Put it down.
- 이걸 저기 가져가. Take this there.
- 그걸 올려 놔. Leave it up.
- 저걸 여기 가져와. Bring that here.

Check Up

A 주어진 한글을 보고, 맞는 단어에 체크하세요.

1 그걸 가져가다 ⬤ bring it
⬤ take it

2 그걸 가져오다 ⬤ bring it
⬤ take it

3 그걸 잡고 있다 ⬤ keep it
⬤ hold it

4 그걸 갖고 있다 ⬤ keep it
⬤ hold it

5 그걸 두고 가다 ⬤ leave it
⬤ keep it

6 이걸 가져가다 ⬤ take this
⬤ bring this

7 저걸 가져오다 ⬤ take that
⬤ bring that

8 저걸 갖고 있다 ⬤ keep that
⬤ keep this

9 그걸 올려 놓다 ⬤ put it down
⬤ put it up

10 그걸 내려 놓다 ⬤ leave it down
⬤ leave it up

B 주어진 한글을 보고, 맞는 문장에 체크하세요.

1 그걸 가져와. ⬤ Bring it.
⬤ Leave it.

2 이걸 잡고 있어. ⬤ Hold this.
⬤ Keep that.

3 저걸 갖고 있어. ⬤ Take this.
⬤ Keep that.

4 그걸 내려 놔. ⬤ Put it up.
⬤ Leave it down.

5 이걸 저기 가져가. ⬤ Take this there.
⬤ Take that here.

6 이걸 붙여 놔. ⬤ Put this together.
⬤ Keep that together.

A 잘 듣고, 빈칸을 채운 후, 소리 내어 읽어 보세요.

1
_____ your keys.

☑ 1)) 2)) 3)) 4)) 5))

2
_____ _____ in the closet.

1)) 2)) 3)) 4)) 5))

3
_____ your jacket here.

1)) 2)) 3)) 4)) 5))

4
_____ _____ in the box.

1)) 2)) 3)) 4)) 5))

5
_____ _____ in the bathroom.

1)) 2)) 3)) 4)) 5))

6
_____ some eggs from the basket.

1)) 2)) 3)) 4)) 5))

Vocabulary

열쇠 key	재킷 jacket	욕실 bathroom	바구니 basket
옷장 closet	상자 box	달걀 egg	

Speak Up

A 잘 듣고 3초 안에 영어로 말해 보세요. 그러고 난 후 문장을 써 보세요.

1 그걸 내려 놓지 마. ➡ _____

2 그걸 저기에 내려 놔. ➡ _____

3 저걸 붙여 놔. ➡ _____

4 그걸 가져가지 마. ➡ _____

5 그걸 탁자 위에 올려 놔. ➡ _____

6 그걸 네 주머니에 갖고 있어. ➡ _____

7 내 장난감들을 가져와. ➡ _____

8 그 샌드위치를 저기 가져가. ➡ _____

9 네 포크를 여기에 둬. ➡ _____

10 이 의자를 잡고 있어. ➡ _____

11 내 책상을 여기 가져와. ➡ _____

12 네 풀을 내려 놔. ➡ _____

Vocabulary

탁자 table	장난감 toy	포크 fork	책상 desk
주머니 pocket	샌드위치 sandwich	의자 chair	풀 glue

Unit 5 그것을 두고 갔다

⭐ it과 과거 표현 말하기

동사의 과거형 + it	
took it 그걸 가져갔다	put it 그걸 놓고 갔다
left it 그걸 두고 갔다	kept it 그걸 갖고 있었다
brought it 그걸 가져왔다	held it 그걸 잡고 있었다

⭐ this/that과 과거 표현 말하기

동사의 과거형 + this		동사의 과거형 + that	
이것 this 	took this 이걸 가져갔다 left this 이걸 두고 갔다 kept this 이걸 갖고 있었다 held this 이걸 잡고 있었다	저것 that	brought that 저걸 가져왔다 left that 저걸 두고 왔다 kept that 저걸 갖고 있었다 held that 저걸 잡고 있었다

💬 이시원 선생님표 영어 구구단

동사	동사원형	동사의 과거형	up / down	
두고 가다	leave	left	left it up	left it down
두다	put	put	put it up	put it down

동사	동사원형	동사의 과거형	here / there	
가져가다	take	took	–	take this there
가져오다	bring	brought	brought that here	–
가지고 있다	keep	kept	kept it here	kept it there
잡고 있다	hold	hold	held it here	held it there

💡 Today's Tip

yesterday는 어제라는 의미로 과거형의 문장을 말할 때 사용해요.

• 난 어제 그걸 여기 놓고 갔어. I left it here yesterday.

💡 5 Star Vocabulary

가져오다 bring	잡고 있다 hold	가지고 있다 keep	두고 오다, 두고 가다 leave
두다, 놓다 put	가져가다 take	어제 yesterday	

Check Up

A 주어진 한글을 보고, 맞는 단어에 체크하세요.

1 그걸 가져왔다 ◯ brought it
◯ took it

2 그걸 가져갔다 ◯ brought it
◯ took it

3 그걸 갖고 있었다 ◯ kept it
◯ held it

4 그걸 잡고 있었다 ◯ kept it
◯ held it

5 그걸 두고 왔었다 ◯ brought it
◯ left it

6 저걸 가져왔다 ◯ took that
◯ brought that

7 이걸 가져갔다 ◯ took this
◯ brought this

8 저걸 잡고 있었다 ◯ held this
◯ held that

9 이걸 올려 놨었다 ◯ left this up
◯ left this down

10 저걸 내려 놨었다 ◯ put that up
◯ put that down

B 주어진 한글을 보고, 맞는 문장에 체크하세요.

1 나는 이걸 잡고 있었다.
◯ I brought this.
◯ I held this.

2 나는 저걸 갖고 있었다.
◯ I kept that.
◯ I took that.

3 너는 그걸 올려 놓았다.
◯ You left it up.
◯ You put it down.

4 나는 그걸 붙여 놓았다.
◯ I put it together.
◯ I took it together.

5 너는 이걸 여기 가져왔다.
◯ You took it there.
◯ You brought this here.

6 너는 그걸 저기 두고 왔다.
◯ You left it there.
◯ You held it here.

 # Listen Up

A 잘 듣고, 빈칸을 채운 후, 소리 내어 읽어 보세요.

1

I _____ a bottle _____ there.

☑🔊 2🔊 3🔊 4🔊 5🔊

2

I _____ my cap _____ here.

1🔊 2🔊 3🔊 4🔊 5🔊

3

I _____ my violin to school.

1🔊 2🔊 3🔊 4🔊 5🔊

4

You _____ a kite.

1🔊 2🔊 3🔊 4🔊 5🔊

5

I _____ a comb in my hand.

1🔊 2🔊 3🔊 4🔊 5🔊

6

I _____ some bread.

1🔊 2🔊 3🔊 4🔊 5🔊

Vocabulary

병 bottle	바이올린 violin	빗 comb
모자 cap	연 kite	빵 bread

Speak Up

A 잘 듣고 3초 안에 영어로 말해 보세요. 그러고 난 후 문장을 써 보세요.

1 넌 이걸 갖고 있었어. ➡ _____

2 난 이걸 여기에 가져왔어. ➡ _____

3 난 어제 그걸 여기에 놓고 갔어. ➡ _____

4 넌 지난 주에 그걸 가져갔어. ➡ _____

5 난 내 카메라를 갖고 왔어. ➡ _____

6 난 내 풍선을 잡고 있었어. ➡ _____

7 난 내 바지를 침대 위에 뒀어. ➡ _____

8 넌 그 편지들을 갖고 있었어. ➡ _____

9 난 내 요요를 학교에 두고 왔어. ➡ _____

10 넌 그 때 대걸레를 잡고 있었어. ➡ _____

11 넌 그걸 저기로 옮겼어. ➡ _____

12 넌 이걸 그 위에 썼어. ➡ _____

Vocabulary

지난 주 last week	풍선 balloon	침대 bed	대걸레 mop
카메라 camera	바지 pants	요요 yo-yo	옮기다 move

Unit 6 그것을 안 갖고 온다 – 안 갖고 왔다

⭐ 현재형과 과거형의 긍정문 말하기

긍정문	
현재	과거
동사원형	동사의 과거형
leave it 그걸 두고 간다 keep it 그걸 갖고 있다	left it 그걸 두고 갔다 kept it 그걸 갖고 있었다

* 주어가 I, you일 때 현재형에서 동사는 동사원형을 사용해요

⭐ 현재형과 과거형의 부정문 말하기

부정문	
현재	과거
don't + 동사원형	didn't + 동사원형
don't leave it 그걸 두고 가지 않는다 don't keep it 그걸 갖고 있지 않다	didn't leave it 그걸 두고 가지 않았다 didn't keep it 그걸 갖고 있지 않았다

💬 이시원 선생님표 영어 구구단

동사	현재		과거	
	긍정문	부정문	긍정문	부정문
두고 가다	leave	don't leave	left	didn't leave
두다	put	don't put	put	didn't put
가지고 있다	keep	don't keep	kept	didn't keep
잡고 있다	hold	don't hold	held	didn't hold
주다	give	don't give	gave	didn't give
잃어버리다	lose	don't lose	lost	didn't lose

💡 Today's Tip

your는 '네 ~, 너의 ~'라는 뜻으로 명사와 함께 말할 수 있어요.

- 너의 가방 your bag
- 너의 펜 your pen
- 너의 자동차 your car

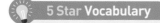
5 Star Vocabulary

주다 give	잡고 있다 hold	가지고 있다 keep	두고 오다, 두고 가다 leave
잃어버리다 lose	두다, 놓다 put		

Check Up

A 주어진 한글을 보고, 맞는 단어에 체크하세요.

1 그걸 갖고 있다
- keep it
- kept it

2 그걸 두고 갔다
- leave it
- left it

3 그걸 준다
- give it
- gave it

4 그걸 잃어버렸다
- lose it
- lost it

5 그걸 잡고 있다
- hold it
- held it

6 그걸 안 두고 갔다
- don't leave it
- didn't leave it

7 그걸 안 잡고 있다
- don't hold it
- didn't hold it

8 그걸 안 줬다
- don't give it
- didn't give it

9 그걸 안 갖고 있다
- don't keep it
- didn't keep it

10 그걸 안 잃어버렸다
- don't lose it
- didn't lose it

B 주어진 한글을 보고, 맞는 문장에 체크하세요.

1 나는 이걸 안 잡고 있었다.
- I don't hold this.
- I didn't hold this.

2 너는 그걸 여기에 안 놓고 갔다.
- You don't leave it here.
- You didn't leave it here.

3 너는 너의 펜을 잃어버렸다.
- You lose your pen.
- You lost your pen.

4 너는 그걸 나에게 안 줬다.
- You don't give it to me.
- You didn't give it to me.

5 너는 가방을 밖에 두고 왔다.
- You leave your bag outside.
- You left your bag outside.

6 나는 가방을 안 잃어버린다.
- I don't lose my bag.
- I didn't lose my bag.

A 잘 듣고, 빈칸을 채운 후, 소리 내어 읽어 보세요.

1

I _____ _____ my cake.

☑)) 2)) 3)) 4)) 5))

2

I _____ your sunglasses.

1)) 2)) 3)) 4)) 5))

3

I _____ my guitar _____.

1)) 2)) 3)) 4)) 5))

4

I _____ this potato chip.

1)) 2)) 3)) 4)) 5))

5

I _____ _____

your life jacket.

1)) 2)) 3)) 4)) 5))

6

I _____ your doll.

1)) 2)) 3)) 4)) 5))

Vocabulary

케이크 cake	기타 guitar	구명조끼 life jacket
선글라스 sunglasses	감자칩 potato chip	인형 doll

Speak Up

A 잘 듣고 3초 안에 영어로 말해 보세요. 그러고 난 후 문장을 써 보세요.

1 난 내 지갑을 잃어버렸어. ➡ _____

2 넌 네 지우개를 가져왔어. ➡ _____

3 난 네게 딸기를 줬어. ➡ _____

4 넌 그 책들을 안 갖고 있어. ➡ _____

5 넌 그 수영복을 안 입었어. ➡ _____

6 넌 네 목걸이를 집에 두고 왔어. ➡ _____

7 난 그 접시들을 안 깼어. ➡ _____

8 난 그 병을 거기에 두지 않아. ➡ _____

9 난 네 연필을 안 빌렸어. ➡ _____

10 넌 너의 베개를 잡았어. ➡ _____

11 난 주스를 매일 안 마셔. ➡ _____

12 넌 너의 가위를 내려놨어. ➡ _____

Vocabulary

지갑 wallet	수영복 swimsuit	깨다 break	빌리다 borrow
지우개 eraser	목걸이 necklace	접시 plate	베개 pillow
딸기 strawberry	집에 at home	병 bottle	가위 scissors

⭐ 주격 인칭대명사 말하기

주어는 동작을 하는 주체로 우리말에서는 '은, 는, 이, 가'를 붙여 말해요. 영어에서 이름 대신 부를 수 있는 말을 인칭대명사라고 하고, 주어의 역할을 맡은 인칭대명사를 **주격 인칭대명사**라고 해요.

주격 인칭대명사			
수	1인칭	2인칭	3인칭
단수 (1명)	I 나는	You 너는	He 그는 / She 그녀는
복수 (2명 이상)	We 우리는	You 너희들은	They 그들은

💬 이시원 선생님표 영어 구구단

인칭대명사				
인칭	주격	소유격	주격	소유격
1	I	my	we	our
2	you	your	you	your
3	he	his	they	them
	she	her		

💡 Today's Tip

but은 앞에서 말한 것과 상반된 것을 말할 때 사용해요.

- 우리는 그걸 가져왔지만, 그들은 그걸 가져오지 않았어. We brought it, but they didn't bring it.

💡 5 Star Vocabulary

나는 – 나의 I – my   너는 – 너의 you – your   그는 – 그의 he – his
그녀는 – 그녀의 she – her   우리는 – 우리의 we – our   너희들은 – 너희들의 you – your
그들은 – 그들의 they – their

Check Up

A 주어진 한글을 보고, 맞는 단어에 체크하세요.

1 나는
- I
- my

2 너의
- you
- your

3 그는
- he
- his

4 그들은
- they
- their

5 그녀의
- she
- her

6 그녀는
- she
- he

7 너는
- you
- we

8 나의
- my
- his

9 우리는
- you
- we

10 그들의
- our
- their

B 주어진 한글을 보고, 맞는 문장에 체크하세요.

1 너희들은 물을 마셨다.
- I drank water.
- You drank water.

2 그는 샐러드를 먹었다.
- He ate salad.
- She ate salad.

3 그녀는 그걸 안 가져갔다.
- He didn't take it.
- She didn't take it.

4 우리는 과학 공부 안 한다.
- We don't study science.
- They don't study science.

5 너는 이 컵을 두고 갔다.
- We left this cup.
- You left this cup.

6 그들은 채소를 안 좋아한다.
- You don't like vegetables.
- They don't like vegetables.

Listen Up

A 잘 듣고, 빈칸을 채운 후, 소리 내어 읽어 보세요.

1 _____ won the game.

☑)) 2)) 3)) 4)) 5))

2 _____ didn't look happy.

1)) 2)) 3)) 4)) 5))

3 _____ played chess.

1)) 2)) 3)) 4)) 5))

4 Girl: _____ have two notebooks.

1)) 2)) 3)) 4)) 5))

5 Boy: _____ bag looks pretty.

1)) 2)) 3)) 4)) 5))

6 Boy: _____ have colored pencils.

1)) 2)) 3)) 4)) 5))

Vocabulary

이기다 win	체스를 하다 play chess	예쁜 pretty
행복한 happy	공책 notebook	색연필 colored pencil

Speak Up

A 잘 듣고 3초 안에 영어로 말해 보세요. 그러고 난 후 문장을 써 보세요.

1 그녀는 커피를 마셨어.　➡ _____

2 우리는 운동을 안 해.　➡ _____

3 나는 그의 필통을 안 가져갔어.　➡ _____

4 그는 케이크를 좀 먹었어.　➡ _____

5 나는 너를 사랑해.　➡ _____

6 그는 운동화를 안 신었어.　➡ _____

7 우리는 그 고양이를 찾았어.　➡ _____

8 그녀는 우리에게 전화했어.　➡ _____

9 너는 네 재킷을 두고 갔어.　➡ _____

10 나는 양파를 안 먹어.　➡ _____

11 우리는 동물을 사랑해.　➡ _____

12 그들은 방과 후에 야구를 해.　➡ _____

Vocabulary

커피 coffee	케이크 cake	찾다 find	양파 onion
운동하다 exercise	사랑하다 love	전화하다 call	동물 animal
필통 pencil case	운동화 sneakers	재킷 jacket	야구 baseball

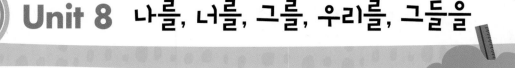

Unit 8 나를, 너를, 그를, 우리를, 그들을

⭐ 주격 인칭대명사 말하기

주어는 동작을 하는 주체로 우리말에서는 '은, 는, 이, 가'를 붙여 말해요.
주어의 역할을 맡은 인칭대명사를 **주격 인칭대명사**라고 해요.

주격 인칭대명사				
수	1인칭	2인칭	3인칭	
단수	I 나는	you 너는	he 그는	she 그녀는
복수	we 우리는	you 너희들은	they 그들은	

② 목적격 인칭대명사 말하기

목적어는 동작의 대상으로 우리말에서는 '을, 를'을 붙여 말해요.
목적어의 역할을 하는 인칭대명사를 **목적격 인칭대명사**라고 해요.

목적격 인칭대명사				
수	1인칭	2인칭	3인칭	
단수	me 나를	you 너를	him 그를	her 그녀를
복수	us 우리를	you 너희들을	them 그들을	

💬 이시원 선생님표 영어 구구단

인칭대명사						
인칭	주격	소유격	목적격	주격	소유격	목적격
1	I	my	me	we	our	us
2	you	your	you	you	your	you
3	he	his	him	they	their	them
	she	her	her			

💡 Today's Tip

get은 목적격 인칭대명사와 함께 '~에게 ~을 갖다 주다'라는 뜻으로 사용할 수 있어요.

• 너의 아버지께 이 컵을 갖다 드려. **Get your father this cup.**

💡 5 Star Vocabulary

나는 – 나를 I – me   너는 – 너를 you – you   그는 – 그를 he – him
그녀는 – 그녀를 she – her   우리는 – 우리를 we – us   너희들은 – 너희들을 you – you
그들은 – 그들을 they – them

Check Up

A 주어진 한글을 보고, 맞는 단어에 체크하세요.

1 너를
- you
- your

2 우리를
- we
- us

3 그를
- his
- him

4 나를
- my
- me

5 그들은
- they
- them

6 우리는
- we
- us

7 그녀를
- she
- her

8 그는
- he
- him

9 그들을
- him
- them

10 너희들을
- you
- our

B 주어진 한글을 보고, 맞는 문장에 체크하세요.

1 우리는 그녀를 사랑한다.
- We love her.
- We love him.

2 너희들은 그를 찾았다.
- You found her.
- You found him.

3 그녀는 우리를 데리고 가지 않았다.
- She didn't take them.
- She didn't take us.

4 그가 나를 여기에 데리고 왔다.
- He brought me here.
- He brought us here.

5 내가 그들을 거기에 두고 왔다.
- I left them there.
- I left him there.

6 그들은 너를 도와주었다.
- They helped you.
- They helped us.

A 잘 듣고, 빈칸을 채운 후, 소리 내어 읽어 보세요.

1 He helped _____.

☑)) 2)) 3)) 4)) 5))

2 She didn't see _____.

1)) 2)) 3)) 4)) 5))

3 She brought _____ here.

1)) 2)) 3)) 4)) 5))

4 She didn't leave _____.

1)) 2)) 3)) 4)) 5))

5 Boy: She followed _____.

1)) 2)) 3)) 4)) 5))

6 Girl: He drew _____.

1)) 2)) 3)) 4)) 5))

Vocabulary

돕다 help	데려오다 bring	따라가다 follow
보다 see	두고가다 leave	끌다 draw

Speak Up

A 잘 듣고 3초 안에 영어로 말해 보세요. 그러고 난 후 문장을 써 보세요.

1 너희들은 그들을 좋아해. ➡ _____

2 그는 나를 저기로 데리고 갔어. ➡ _____

3 난 그녀를 봤어. ➡ _____

4 난 그를 사랑했어. ➡ _____

5 넌 그들을 싫어했어. ➡ _____

6 그녀는 우리를 데리고 왔어. ➡ _____

7 그들은 나를 안 좋아해. ➡ _____

8 그는 그녀를 저기로 데리고 갔어. ➡ _____

9 넌 나를 도와줬어. ➡ _____

10 그는 우리를 초대했어. ➡ _____

11 난 그들을 여기서 봤어. ➡ _____

12 우리는 그녀를 만났어. ➡ _____

Vocabulary

좋아하다 like	거기에 there	싫어하다 hate	초대하다 invite
데려 가다 take	사랑하다 love	도와주다 help	만나다 meet

Unit 9 나를, 나에게, 너를, 너에게

⭐ 목적격 인칭대명사 말하기

목적어의 역할을 하는 인칭대명사를 목적격 인칭대명사라고 해요.
목적격 인칭대명사는 '~을, ~를, ~에게'로 해석할 수 있어요.

목적격 인칭대명사		
인칭	단수	복수
1	me 나를, 나에게	us 우리들을, 우리들에게
2	you 너를, 너에게	you 너희들을, 너희들에게
3	him 그를, 그에게	them 그들을, 그들에게
	her 그녀를, 그녀에게	

💬 이시원 선생님표 영어 구구단

인칭대명사						
인칭	주격	소유격	목적격	주격	소유격	목적격
1	I	my	me	we	our	us
2	you	your	you	you	your	you
3	he	his	him	they	their	them
	she	her	her			

💡 Today's Tip

(1) listen to me를 그대로 해석하면 '나를 듣다'라는 의미이지만, 자연스럽게 해석하면 '내 말을 듣다'라는 뜻이에요. listen to 뒤에 오는 목적격 인칭대명사를 '~을, ~를, ~에게'로 해석하지 않고, '~의 말'로 해석하면 좀 더 쉽게 이해할 수 있어요.

  • 우리는 그의 말을 들었어. **We listened to him.**

(2) ask는 '질문하다, 부탁하다'의 뜻이지만, for 과 함께 쓰일 때에는 요청을 나타내어 '달라고 하다'라는 의미로 사용할 수 있어요.

  • 나는 물을 좀 달라고 했어. **I asked for some water.**

💡 5 Star Vocabulary

질문하다, 부탁하다 ask	내려주다 drop off	갖다 주다 get	가지다 have
보다 look at	듣다 listen to	말하다 talk to	이해하다 understand

Check Up

A 주어진 한글을 보고, 맞는 단어에 체크하세요.

1 나에게 말하다
   - talk to my
   - talk to me

2 너에게 말하다
   - talk to you
   - talk to your

3 그녀에게 말하다
   - talk to her
   - talk to she

4 우리에게 말하다
   - talk to our
   - talk to us

5 그들에게 말하다
   - talk to they
   - talk to them

6 그를 보다
   - look at his
   - look at him

7 너희들을 보다
   - look at you
   - look at yours

8 내 말을 듣다
   - listen to me
   - listen to us

9 그녀의 말을 듣다
   - listen to she
   - listen to her

10 우리의 말을 듣다
   - listen to ours
   - listen to us

B 주어진 한글을 보고, 맞는 문장에 체크하세요.

1 그녀에게 말해 봐.
   - Talk to you.
   - Talk to her.

2 내 말을 들어 봐.
   - Listen to me.
   - Listen to us.

3 나는 그를 이해했다.
   - I understood him.
   - I understood her.

4 그는 너에게 질문했다.
   - He asked me.
   - He asked you.

5 나는 그들에게 물을 갖다 주었다.
   - I got them water.
   - I got him water.

6 그들은 우리를 태워줬다.
   - We got them a ride.
   - They got us a ride.

Listen Up

A 잘 듣고, 빈칸을 채운 후, 소리 내어 읽어 보세요.

1

I understand _____.

2

He listened to _____ carefully.

3

She asked _____ a question.

4

This bus dropped _____ here.

5

Don't talk to _____.

6

_____ got your father this coffee.

🔑 **Vocabulary**

주의하여 carefully	버스 bus	커피 coffee
질문 question	아버지 father	

Speak Up

1 그들에게 말해 봐. ➡ _____

2 난 그를 이해했어. ➡ _____

3 우리를 저기에 내려 줘. ➡ _____

4 나에게 물을 갖다 줘. ➡ _____

5 그들의 말을 들어 봐. ➡ _____

6 그녀는 그를 태워줬어. ➡ _____

7 이 지하철은 나를 거기 데려다줘. ➡ _____

8 난 그에게 메일을 보냈어. ➡ _____

9 그녀는 우리에게 타코를 사줬어. ➡ _____

10 난 그를 그리워해. ➡ _____

11 난 가끔 그녀에게 전화해. ➡ _____

12 그는 그녀에게 큰 소리로 말해. ➡ _____

Vocabulary

물 water	지하철 subway	타코 taco	가끔 sometimes
태워주다 get a ride	이메일 email	그리워하다 miss	큰 소리로 loudly

Unit 10 너는 좋아하니?

🕐 현재형 의문문 말하기 – Do

주어가 1인칭, 2인칭이거나 복수(I, you, we, they)일 때 do를 사용하여 의문문을 말할 수 있어요.

현재	긍정문	주어 + 동사원형 ~.	I like him. 나는 그를 좋아한다. You like him. 너는 그를 좋아한다. We like him. 우리는 그를 좋아한다. They like him. 그들은 그를 좋아한다.
	의문문	Do + 주어 + 동사원형~?	Do I like him? 나는 그를 좋아하니? Do you like him? 너는 그를 좋아하니? Do we like him? 우리는 그를 좋아하니? Do they like him? 그들은 그를 좋아하니?

💬 이시원 선생님표 영어 구구단

동사원형	긍정문	의문문
know	I know you.	Do I know you?
have	You have it.	Do you have it?
sit	We sit here.	Do we sit here?
sleep	They sleep.	Do they sleep?

💡 Today's Tip

'저것 모두, 저것 다'는 all of them, '저것 중 한 개'는 one of them으로 말해요. 이와 비슷하게 '이것들 중 모두'
는 all of these, '이것들 중 하나'는 one of these로 말할 수 있어요.

- 너는 그것들 다 마음에 드니? **Do you like all of them?**
- 우리는 이것들 중 하나를 고르니? **Do we pick one of these?**

💡 5 Star Vocabulary

내리다 get off	가지다 have	알다 know	좋아하다 like
선택하다 pick	앉다 sit	자다 sleep	원하다 want

Check Up

A 주어진 한글을 보고, 맞는 의문형에 체크하세요.

1 나는 안다
I know ➡ ◯ Do I know?
◯ Know I?

2 너는 선택한다
You pick ➡ ◯ You do pick?
◯ Do you pick?

3 우리는 앉는다
We sit ➡ ◯ Do we sit?
◯ Does we sit?

4 그들은 원한다
They want ➡ ◯ Do I want?
◯ Do they want?

5 너희들은 잔다
You sleep ➡ ◯ Do you sleep?
◯ Do we sleep?

6 우리는 내린다
We get off ➡ ◯ Do we get off?
◯ Does they get off?

B 주어진 한글을 보고, 맞는 의문문에 체크하세요.

1 나는 여기에서 자니?
◯ Do I sleep here?
◯ Do you sleep here?

2 우리는 여기에서 내리니?
◯ Do I get off here?
◯ Do we get off here?

3 그들은 여기에 앉아?
◯ Do we sit here?
◯ Do they sit here?

4 너는 매일 학교에 가니?
◯ Do you go to school every day?
◯ Do they go to school every day?

5 너희들은 그것들을 원하니?
◯ Do you want them?
◯ Do they want it?

6 나는 그것들 중 한 개를 선택하니?
◯ Do they pick one of me?
◯ Do I pick one of them?

A 잘 듣고, 빈칸을 채운 후, 소리 내어 읽어 보세요.

1

_____ you _____ medicine?

2

_____ _____ sleep in the tent?

3

_____ we _____ _____ at this station?

4

_____ _____ sit there?

5

_____ they _____ a raincoat?

6

_____ you _____ all of them?

Vocabulary

약 medicine	역, 정류장 station	모두 all
텐트 tent	우비 raincoat	

Speak Up

A 잘 듣고 3초 안에 영어로 말해 보세요. 그러고 난 후 문장을 써 보세요.

1 너 거북이 좋아해? ➡ _____

2 그들은 여기서 자? ➡ _____

3 나 저기서 내려? ➡ _____

4 그들은 열쇠들 갖고 있어? ➡ _____

5 우리 콜라 마셔? ➡ _____

6 너 음악 좋아하니? ➡ _____

7 그들은 학교에 걸어가? ➡ _____

8 너 그 영화 기억해? ➡ _____

9 너 여기 살아? ➡ _____

10 그들은 테니스를 쳐? ➡ _____

11 너희들은 자주 도서관에 가? ➡ _____

12 우리 스페인어를 배워? ➡ _____

Vocabulary

거북이 turtle	음악 music	살다 live	도서관 library
열쇠 key	기억하다 remember	테니스 tennis	배우다 learn
콜라 cola	영화 movie	자주 often	스페인어 Spanish

Unit 11 그는 좋아하니?

⭐ 현재형 의문문 말하기 - Does

주어가 3인칭 단수(he, she, it 등)일 때 does를 사용하여 의문문을 말할 수 있어요.

현재	긍정문	주어 + 동사원형(s) ~.	He likes me. 그는 나를 좋아한다. She likes me. 그녀는 나를 좋아한다. Tom likes me. 톰은 나를 좋아한다. Your mom likes it. 너희 엄마는 그것을 좋아하신다.
	의문문	**Does + 주어 + 동사원형~?**	Does he like me? 그는 나를 좋아하니? Does she like me? 그녀는 나를 좋아하니? Does Tom like me? 톰은 나를 좋아하니? Does your mom like it? 너희 엄마는 그것을 좋아하시니?

💬 이시원 선생님표 영어 구구단

동사원형	긍정문	의문문
leave	He leaves it.	Does he leave it?
take	She takes it.	Does she take it?
understand	Ryan understands you.	Does Ryan understand you?
drop off	Your dad drops you off.	Does your dad drop you off?

💡 Today's Tip

get off는 탈 것에서 '스스로 내리다'라는 의미이고, drop off은 '누군가를 내려주다'라는 의미예요.

• 그녀는 여기에서 내리니? **Does she get off here?**
• 그의 엄마는 그를 여기에서 내려 주시니? **Does his mom drop him off here?**

💡 5 Star Vocabulary

오다 come	내려주다 drop off	내리다 get off	가다 go
두고 가다 leave	자다 sleep	가져가다 take	이해하다 understand

Check Up

A 주어진 한글을 보고, 맞는 의문형에 체크하세요.

1 그는 간다   He goes   ➡   ⚪ Do he go?
⚪ Does he go?

2 그녀는 내린다   She gets off   ➡   ⚪ Do she get off?
⚪ Does she get off?

3 민지는 잔다   Minji sleeps   ➡   ⚪ Does Minji sleep?
⚪ Does Minji sleeps?

4 너의 엄마는 두고간다   Your mom leaves   ➡   ⚪ Does your mom leave?
⚪ Does your mom leaves?

5 그녀는 이해한다   She understands   ➡   ⚪ Do she understand?
⚪ Does she understand?

6 너의 친구는 가져간다   Your friend takes   ➡   ⚪ Does your friend take?
⚪ Does your friend takes?

B 주어진 한글을 보고, 맞는 의문문에 체크하세요.

1 그는 여기에서 자?   ⚪ Does he sleep here?
⚪ Does he sleeps here?

2 그녀는 저기에서 내려?   ⚪ Do she gets off there?
⚪ Does she get off there?

3 벤은 수영장에 가니?   ⚪ Do Ben goes to the swimming pool?
⚪ Does Ben go to the swimming pool?

4 너의 친구는 너를 이해하니?   ⚪ Do your friend understand you?
⚪ Does your friend understand you?

5 메리는 학교에 오니?   ⚪ Does Mary come to school?
⚪ Does Mary comes to school?

6 그녀는 여기에 가방을 두고 가니?   ⚪ Does she leave her bag here?
⚪ Does she leaves her bag here?

A 잘 듣고, 빈칸을 채운 후, 소리 내어 읽어 보세요.

1
_____ she _____
her cell phone?

✓(1)) 2)) 3)) 4)) 5))

2
_____ he _____
the lesson?

1)) 2)) 3)) 4)) 5))

3
_____ she _____
boots?

1)) 2)) 3)) 4)) 5))

4
_____ it _____
well?

1)) 2)) 3)) 4)) 5))

5
_____ he _____ to
the dental clinic?

1)) 2)) 3)) 4)) 5))

6
_____ the bus _____
to the town?

1)) 2)) 3)) 4)) 5))

Vocabulary

휴대폰 cell phone	부츠 boots	치과 dental clinic
수업 lesson	잘, 좋게 well	도시 town

Speak Up

A 잘 듣고 3초 안에 영어로 말해 보세요. 그러고 난 후 문장을 써 보세요.

1 그는 초밥을 좋아해? ➡ _____

2 그녀는 농구공을 가져가? ➡ _____

3 그는 그녀를 이해해? ➡ _____

4 샐리는 체육관에 와? ➡ _____

5 너의 어머니는 너를 여기 내려 주셔? ➡ _____

6 그것에는 설탕이 들어있어? ➡ _____

7 그녀는 일찍 자러 가? ➡ _____

8 톰은 산에 올라? ➡ _____

9 너의 아버지는 영어를 말하셔? ➡ _____

10 그는 동물원에 자주 가? ➡ _____

11 너의 가족은 널 사랑해? ➡ _____

12 그녀는 시내에 살아? ➡ _____

Vocabulary

초밥 sushi	설탕 sugar	오르다 climb	동물원 zoo
농구공 basketball	자러 가다 go to bed	산 mountain	시내 downtown
체육관 gym	일찍 early	말하다 speak	

Unit 12 안 좋아한다 – 안 좋아했다

⭐ 현재형의 부정문 말하기

주어가 1인칭, 2인칭이거나 복수일 때 don't를 사용하여 부정문을 말할 수 있어요.
주어가 3인칭 단수일 때에는 doesn't를 사용하여 부정문을 말할 수 있어요.

현재시제의 부정문		
주어 1, 2인칭, 복수형 (I, you, we, they, people…)	don't + 동사원형	don't have 안 갖고 있다 don't like 안 좋아한다
주어 3인칭 단수형 (he, she, it, Ryan, my mom…)	doesn't + 동사원형	doesn't have 안 갖고 있다 doesn't like 안 좋아한다

⭐ 과거형의 부정문 말하기

과거형의 부정문은 주어에 상관없이 didn't를 사용하여 부정문으로 말할 수 있어요.

과거시제의 부정문		
모든 주어	didn't + 동사원형	didn't have 안 갖고 있었다 didn't like 안 좋아했다

💬 이시원 선생님표 영어 구구단

동사원형	현재		과거
	주어 1,2인칭, 복수형	주어 3인칭 단수형	모든 주어
ask	don't ask	doesn't ask	didn't ask
like	don't like	doesn't like	didn't like
know	don't know	doesn't know	didn't know
have	don't have	doesn't have	didn't have

💬 Today's Tip

this나 that도 한 개를 가리키는 말이므로 부정문으로 말할 때 doesn't를 사용해요.
- 이 시계는 안 가. **This clock doesn't go.**
- 저 기차는 여기에서 멈추지 않아. **That train doesn't stop here.**

💡 5 Star **Vocabulary**

질문하다, 부탁하다 ask	가져오다 bring	알다 know	자다 sleep
공부하다 study	가져가다 take	일하다 work	

Check Up

A 주어진 한글을 보고, 맞는 단어에 체크하세요.

1 난 공부 안 한다   ○ I don't study
                 ○ I not study

6 그들은 안 잤다   ○ They don't sleep
                 ○ They didn't sleep

2 그들은 일 안 한다   ○ They don't work
                 ○ They doesn't work

7 그는 안 가져갔다   ○ He doesn't take
                 ○ He didn't take

3 그는 안 물어본다   ○ He don't ask
                 ○ He doesn't ask

8 난 공부 안 했다   ○ I didn't study
                 ○ I don't studied

4 넌 안 가져온다   ○ You don't bring
                 ○ You doesn't bring

9 그녀는 안 물어봤다   ○ She doesn't ask
                 ○ She didn't ask

5 그녀는 몰랐다   ○ She doesn't know
                 ○ She didn't know

10 우리는 모른다   ○ We don't know
                 ○ We didn't know

B 주어진 한글을 보고, 맞는 문장에 체크하세요.

1 우린 역사 공부를 안 했다.   ○ We don't study history.
                            ○ We didn't study history.

2 난 그것들을 안 가져간다.   ○ I don't take them.
                            ○ I didn't take them.

3 그는 일을 안 한다.   ○ He doesn't work.
                            ○ He didn't work.

4 그녀는 카메라를 안 가져왔다.   ○ She doesn't bring her camera.
                            ○ She didn't bring her camera.

5 그들은 잠을 잘 못 잤다.   ○ They don't sleep well.
                            ○ They didn't sleep well.

6 토니는 그녀를 모른다.   ○ Tony don't know her.
                            ○ Tony doesn't know her.

Listen Up

A 잘 듣고, 빈칸을 채운 후, 소리 내어 읽어 보세요.

1

I _____ Chinese.

🔊 2🔊 3🔊 4🔊 5🔊

2

He _____ _____ last night.

1🔊 2🔊 3🔊 4🔊 5🔊

3

She _____ _____ me for any help.

1🔊 2🔊 3🔊 4🔊 5🔊

4

I _____ _____ my book.

1🔊 2🔊 3🔊 4🔊 5🔊

5

She _____ _____ the answer.

1🔊 2🔊 3🔊 4🔊 5🔊

6

We _____ _____ at home.

1🔊 2🔊 3🔊 4🔊 5🔊

Vocabulary

중국어 Chinese	도움 help	정답 answer
밤 night	책 book	집 home

A 잘 듣고 3초 안에 영어로 말해 보세요. 그러고 난 후 문장을 써 보세요.

1 난 질문 안 해. ➡ _____

2 그들은 그것을 안 가져갔어. ➡ _____

3 그는 어제 잠을 안 잤어. ➡ _____

4 우린 그를 몰라. ➡ _____

5 난 그렇게 생각 안 해. ➡ _____

6 그녀는 소설책을 안 읽어. ➡ _____

7 제니는 오늘 학교에 안 왔어. ➡ _____

8 난 내 잠옷을 안 가져왔어. ➡ _____

9 넌 선반 위에 컵을 안 놨어. ➡ _____

10 존은 주말에 일 안 해. ➡ _____

11 내 여동생은 가방을 안 쌌어. ➡ _____

12 그들은 동아리에 안 들어갔어. ➡ _____

Vocabulary

질문 question	그렇게 so	잠옷 pajamas	싸다 pack
어제 yesterday	소설책 novel	선반 shelf	가입하다 join
생각하다 think	오늘 today	주말 weekend	동아리 club

Unit 13 갈 것이다 - 안 갈 것이다

⭐ 미래형의 긍정문 말하기

앞으로 일어날 일에 대해서 말할 때 **미래형 will**을 사용해요.

미래시제의 긍정문		
모든 주어 (I, you, we, they, he, she, it, Tom, your friend…)	**will + 동사원형**	will go 갈 것이다 will see 볼 것이다 will eat 먹을 것이다 will take 가져갈 것이다

⭐ 미래형의 부정문 말하기

미래형의 부정문은 will 다음에 not을 붙여서 말할 수 있어요.

미래시제의 부정문		
모든 주어 (I, you, we, they, he, she, it, Tom, your friend…)	**will not + 동사원형**	will not go 안 갈 것이다 will not see 안 볼 것이다 will not eat 안 먹을 것이다 will not take 안 가져갈 것이다

💬 이시원 선생님표 영어 구구단

동사원형	미래시제	
	긍정문	부정문
go	will go	will not go
come	will come	will not come
buy	will buy	will not buy
eat	will eat	will not eat

💡 Today's Tip

'~하러 가다'를 회화적으로 표현할 때 and나 to를 생략하고 "go + 동사원형"으로 말할 수 있어요.

• 난 가서 영어 공부할 거야. I will go study English.

🔦 5 Star Vocabulary

질문하다 ask
전화를 받다 get a call

전화하다 call
전화를 끊다 hang up the phone

구하다 save
전화 통화를 하다 talk on the phone

Check Up

A 주어진 한글을 보고, 맞는 단어에 체크하세요.

1 볼 것이다
   - will see
   - won't see

2 가져갈 것이다
   - will take
   - won't take

3 안 갈 것이다
   - will go
   - will not go

4 안 먹을 것이다
   - will eat
   - will not eat

5 질문할 것이다
   - will ask
   - will not ask

6 먹을 것이다
   - will eat
   - will not eat

7 전화할 것이다
   - will call
   - will not call

8 안 구해줄 것이다
   - will save
   - will not save

9 전화를 받을 것이다
   - will get a call
   - will not get a call

10 전화를 끊을 것이다
   - will hang up
   - will not hang up

B 주어진 한글을 보고, 맞는 문장에 체크하세요.

1 난 너에게 전화할 것이다.
   - I will call you.
   - I will not call you.

2 그들은 너를 구해 줄 것이다.
   - They will save you.
   - They will not save you.

3 그는 그것들을 안 가져갈 것이다.
   - He will not take them.
   - He wills not take them.

4 그녀는 전화 통화를 안 할 것이다.
   - She will not talks on the phone.
   - She will not talk on the phone.

5 우리는 전화를 끊을 것이다.
   - We hang up the phone.
   - We will hang up the phone.

6 리사는 선생님께 질문할 것이다.
   - Lisa asks her teacher questions.
   - Lisa will ask her teacher questions.

A 잘 듣고, 빈칸을 채운 후, 소리 내어 읽어 보세요.

1

I _____ _____ him questions.

☑)) 2)) 3)) 4)) 5))

2

They _____ _____ you in the afternoon.

1)) 2)) 3)) 4)) 5))

3

Mina _____ _____ _____ on the phone.

1)) 2)) 3)) 4)) 5))

4

You _____ _____ _____ a call.

1)) 2)) 3)) 4)) 5))

5

I _____ _____ the cat in the tree.

1)) 2)) 3)) 4)) 5))

6

He _____ _____ _____ up the phone.

1)) 2)) 3)) 4)) 5))

Vocabulary

| 질문 question | 오후 afternoon | 고양이 cat |

Speak Up

A 잘 듣고 3초 안에 영어로 말해 보세요. 그러고 난 후 문장을 써 보세요.

1 난 그에게 전화할 거야. ➡ _____

2 넌 전화를 안 받을 거야. ➡ _____

3 그녀는 전화를 끊을 거야. ➡ _____

4 우리는 그 개를 구할 거야. ➡ _____

5 난 카레를 먹을 거야. ➡ _____

6 난 내 방을 청소할 거야. ➡ _____

7 그는 슬리퍼를 안 살 거야. ➡ _____

8 샘은 여기 안 올 거야. ➡ _____

9 네 친구는 여기서 쉴 거야. ➡ _____

10 그들은 놀이터에 갈 거야. ➡ _____

11 난 만화책을 읽을 거야. ➡ _____

12 우리는 가서 피아노 연습할 거야. ➡ _____

Vocabulary

카레 curry	슬리퍼 slippers	놀이터 playground	연습하다 practice
청소하다 clean	쉬다 relax	만화책 comic book	피아노 piano

Unit 14 너는 갈 거니?

1 미래형의 의문문 말하기

미래형의 의문문은 will을 맨 앞으로 보내서 말할 수 있어요.

미래시제의 의문문			
Will	모든 주어 (I, you, we, they, he, she, it, Tom, your friend…)	동사원형~?	Will you go? 너는 갈 거니? Will he see? 그는 볼 거니? Will she eat? 그녀는 먹을 거니? Will they take? 그들은 가져갈 거니?

2 미래형의 긍정문과 부정문 말하기 (복습)

미래형의 부정문은 will 다음에 not을 붙여서 말할 수 있어요.

미래시제의 긍정문		
모든 주어	**will + 동사원형**	will go 갈 것이다 will see 볼 것이다
미래시제의 부정문		
모든 주어	**will not (=won't) + 동사원형**	will not (=won't) go 안 갈 것이다 will not (=won't) see 안 볼 것이다

💬 이시원 선생님표 영어 구구단

동사원형	미래시제		
	긍정문	부정문	의문문
go	I will go	I won't go	Will you go?
come	I will come	I won't come	Will you come?
buy	I will buy	I won't buy	Will you buy?
eat	I will eat	I won't eat	Will you eat?

Tip Today's Tip

go get은 '가지러 가다'라는 의미이지만, 사람이 뒤에 오면 '데려오다'라고 해석해요.

• 가서 물 좀 가져와. **Go get some water.**   • 가서 그 애를 데려와. **Go get him.**

5 Star Vocabulary

체크하다, 확인하다 check	오다 come	마시다 drink	먹다 eat
다 먹다, 끝내다 finish	내리다 get off	아침 식사 breakfast	지갑 wallet

Check Up

A 주어진 한글을 보고, 맞는 의문형에 체크하세요.

1 나는 마실 것이다   I will drink ➡ ⬤ Do I will drink?
⬤ Will I drink?

2 너는 올 것이다   You will come ➡ ⬤ Do you come?
⬤ Will you come?

3 그들은 먹을 것이다   They will eat ➡ ⬤ Do they eat?
⬤ Will they eat?

4 우리는 내릴 것이다   We will get off ➡ ⬤ Will we get off?
⬤ Will do we get off?

5 그는 확인할 것이다   He will check ➡ ⬤ Will he check?
⬤ Will does he check?

6 그녀는 끝낼 것이다   She will finish ➡ ⬤ Does she finish?
⬤ Will she finish?

B 주어진 한글을 보고, 맞는 의문문에 체크하세요.

1 너는 너의 교실을 확인할 거니?   ⬤ Do you check your classroom?
⬤ Will you check your classroom?

2 그들은 저기서 내릴 거니?   ⬤ Will they get off there?
⬤ Do they will get off there?

3 너는 아침식사를 할 거니?   ⬤ Do you eat breakfast?
⬤ Will you eat breakfast?

4 그녀는 숙제를 끝낼 거니?   ⬤ Will she finish her homework?
⬤ Does she finish her homework?

5 그들은 오늘 우리집에 올 거니?   ⬤ Will they come to my house today?
⬤ Do they come to my house today?

6 그는 오렌지 주스를 마실 거니?   ⬤ Does he drink orange juice?
⬤ Will he drink orange juice?

Listen Up

A 잘 듣고, 빈칸을 채운 후, 소리 내어 읽어 보세요.

1

_____ _____ swim?

☑️)) 2)) 3)) 4)) 5))

2

_____ _____ come to our party?

1)) 2)) 3)) 4)) 5))

3

_____ _____ check your room?

1)) 2)) 3)) 4)) 5))

4

_____ _____ eat some jellies?

1)) 2)) 3)) 4)) 5))

5

_____ _____ drink some grape juice?

1)) 2)) 3)) 4)) 5))

6

_____ Sandy _____ off at the bus stop?

1)) 2)) 3)) 4)) 5))

Vocabulary

수영하다 swim	방 room	포도 grape
파티 party	젤리 jelly	버스 정류장 bus stop

Speak Up

A 잘 듣고 3초 안에 영어로 말해 보세요. 그러고 난 후 문장을 써 보세요.

1 넌 점심을 먹을 거니?　　➡ _____

2 그는 저기서 내릴 거니?　　➡ _____

3 넌 여기서 확인할 거니?　　➡ _____

4 그녀는 커피를 마실 거니?　➡ _____

5 넌 공원에 뛰어갈 거니?　　➡ _____

6 지미는 그의 일을 끝낼 거니?　➡ _____

7 우리는 병원에 갈 거니?　　➡ _____

8 그는 텔레비전을 볼 거니?　➡ _____

9 그녀는 종이를 자를 거니?　➡ _____

10 너의 아버지는 뉴욕에 가실 거니?　➡ _____

11 넌 그 파란 셔츠를 입을 거니?　➡ _____

12 그들은 도서관에서 내릴 거니?　➡ _____

Vocabulary

점심 lunch	커피 coffee	병원 hospital	뉴욕 New York
저기 there	달리다 run	보다 watch	셔츠 shirt
여기 here	일 work	종이 paper	도서관 library

Unit 15 갈 수 있다 – 가도 된다

⭐1 조동사 can의 의미

can은 조동사로 항상 동사원형과 함께 말할 수 있어요.

능력	~할 수 있다	I can speak English. 나는 영어를 말할 수 있다.
가능	~할 수 있다	I can see it. 나는 그것을 볼 수 있다.
허가	~해도 된다	You can go now. 너는 지금 가도 된다.

⭐2 조동사 can의 긍정문, 부정문, 의문문 말하기

조동사 can의 긍정문		
모든 주어	can + 동사원형	can see 볼 수 있다 can go 가도 된다
조동사 can의 부정문		
모든 주어	cannot (=can't) + 동사원형	cannot (=can't) see 볼 수 없다 cannot (=can't) go 가면 안 된다
조동사 can의 의문문		
Can	모든 주어	동사원형~?
		Can you see? 너는 볼 수 있니? Can I go? 나는 가도 되니?

💬 이시원 선생님표 영어 구구단

동사원형	조동사 can		
	긍정문	부정문	의문문
go	I can go	I can't go	Can I go?
come	I can come	I can't come	Can I come?
eat	I can eat	I can't eat	Can I eat?

💡 Today's Tip

take는 '가져가다'라는 의미이지만, 다른 단어들과 함께 새로운 의미로 사용돼요.

• 앉다 take a seat   • 샤워하다 take a shower   • 쉬다 take a rest

💡 5 Star Vocabulary

사다 buy   다 먹다, 끝내다 finish   벗다 take off
일하다 work   잠을 자다 get some sleep (=sleep)   앉다 have a seat (=sit)
쉬다 take a rest   샤워하다 take a shower

Check Up

A 주어진 한글을 보고, 맞는 표현에 체크하세요.

1 볼 수 있다
- can see
- can't see

2 끝낼 수 있다
- can finish
- can't finish

3 갈 수 없다
- can go
- cannot go

4 먹을 수 없다
- can eat
- cannot eat

5 벗을 수 없다
- can take off
- can't take off

6 사면 안 된다
- can buy
- cannot buy

7 쉬어도 된다
- can take a rest
- can't take a rest

8 내가 가도 되니?
- Can I go?
- I can go?

9 우리 앉아도 되니?
- Can we sit?
- We can sit?

10 내가 사도 되니?
- Can you buy it?
- Can I buy it?

B 주어진 한글을 보고, 맞는 문장에 체크하세요.

1 그는 그것들을 볼 수 없다.
- He will not see them.
- He cannot see them.

2 그녀는 한국어를 말할 수 있다.
- She can speak Korean.
- She does speak Korean.

3 존은 숙제를 끝낼 수 없다.
- John won't finish his homework.
- John can't finish his homework.

4 너는 여기서 쉬어도 된다.
- You will take a rest here.
- You can take a rest here.

5 우리는 지금 집에 가도 되니?
- Do we go home now?
- Can we go home now?

6 내가 여기에 앉아도 되니?
- Can I have a seat here?
- Do I can have a seat here?

Listen Up

A 잘 듣고, 빈칸을 채운 후, 소리 내어 읽어 보세요.

1

You _____ _____ this today.

 2 3 4 5

2

I _____ _____ this meal.

1 2 3 4 5

3

_____ I _____ some sleep?

1 2 3 4 5

4

_____ I _____ there?

1 2 3 4 5

5

You _____ _____ a rest here.

1 2 3 4 5

6

_____ I _____ water now?

1 2 3 4 5

Vocabulary

| 오늘 today | 음식 meal | 물 water | 지금 now |

Speak Up

A 잘 듣고 3초 안에 영어로 말해 보세요. 그러고 난 후 문장을 써 보세요.

1 넌 장갑을 만들 수 없어. ➡ _____

2 난 연필을 한 개 살 수 있어. ➡ _____

3 그는 이제 집에 갈 수 있어? ➡ _____

4 넌 여기 올 수 없어. ➡ _____

5 난 부츠를 벗을 수 없어. ➡ _____

6 제니는 노래를 부를 수 있어. ➡ _____

7 우리 바다를 볼 수 있어? ➡ _____

8 그녀는 대답할 수 있어. ➡ _____

9 넌 우리를 만날 수 있어. ➡ _____

10 우리 저거 요리할 수 있어? ➡ _____

11 난 피클을 먹을 수 없어. ➡ _____

12 넌 동화책을 읽을 수 있어? ➡ _____

Vocabulary

장갑 gloves	오다 come	바다 ocean	요리하다 cook
연필 pencil	부츠 boots	대답하다 answer	피클 pickle
집 home	노래하다 sing	만나다 meet	동화책 fairy tale

Unit 16 그는 간다 - 그녀는 먹는다

⭐ 현재형으로 말하기

문형	현재형의 긍정문		현재형의 부정문	
주어	1, 2인칭, 복수	3인칭 단수	1, 2인칭, 복수	3인칭 단수
형태	동사원형	동사원형+s	don't + 동사원형	doesn't + 동사원형
예시	go 간다	goes 간다	don't go 안 간다	doesn't go 간다

⭐ 주어가 3인칭 단수일 때 동사의 변화

주어가 3인칭 단수일 때 동사변화			
대부분의 동사	-ch, -sh, -o, -x, -ss	자음 + -y	불규칙
+ s	+ es	-y 빼고 + ies	
clean → cleans drive → drives eat → eats need → needs think → thinks	watch → watches wash → washes go → goes fix → fixes pass → passes	study → studies fly → flies cry → cries try → tries dry → dries	have → has

💬 이시원 선생님표 영어 구구단

동사원형	주어가 1, 2인칭 or 복수		주어가 3인칭 단수	
	긍정문	부정문	긍정문	부정문
need	need	don't need	needs	doesn't need
watch	watch	don't watch	watches	doesn't watch
study	study	don't study	studies	doesn't study

💡 Today's Tip

play, stay는 y로 끝나는 동사이지만, y 앞이 모음으로 끝나기 때문에 –s를 붙여요.

• 그는 피아노를 연주해. He plays the piano.
• 그녀는 항상 집에 있어. She always stays at home.

5 Star Vocabulary

청소하다 clean
필요하다 need

운전하다 drive
공부하다 study

먹다 eat
생각하다 think

가다 go
입다, 쓰다, 신다 wear

Check Up

A 주어진 한글을 보고, 맞는 표현에 체크하세요.

1 그는 청소한다
- He clean
- He cleans

2 그녀는 운전한다
- She drive
- She drives

3 그는 고친다
- He fixes
- He fixs

4 그녀는 공부한다
- She study
- She studies

5 우리는 필요하다
- We need
- We needs

6 내 동생은 간다
- My sister goes
- My sister gos

7 내 친구는 먹는다
- My friend eat
- My friend eats

8 그 새가 난다
- The bird flies
- The bird flys

9 사람들은 입는다
- People wear
- People wears

10 내 고양이는 운다
- My cat cry
- My cat cries

B 주어진 한글을 보고, 맞는 문장에 체크하세요.

1 그녀는 가끔 피자를 먹는다.
- She sometimes eat pizza.
- She sometimes eats pizza.

2 존은 방과 후에 과학을 공부한다.
- John study science after school.
- John studies science after school.

3 내 동생은 방을 청소한다.
- My brother clean his room.
- My brother cleans his room.

4 그들은 그게 괜찮다고 생각한다.
- They think it is okay.
- They thinks it is okay.

5 그의 엄마는 운전을 하신다.
- His mother drive.
- His mother drives.

6 크리스는 항상 모자를 쓴다.
- Chris always wears a cap.
- Chris always wearing a cap.

Listen Up

A 잘 듣고, 빈칸을 채운 후, 소리 내어 읽어 보세요.

1

She _____ her table.

🔊✔ 2🔊 3🔊 4🔊 5🔊

2

Ben _____ some pizza.

1🔊 2🔊 3🔊 4🔊 5🔊

3

She _____ to school.

1🔊 2🔊 3🔊 4🔊 5🔊

4

Her father _____ a car.

1🔊 2🔊 3🔊 4🔊 5🔊

5

She _____ her pajamas.

1🔊 2🔊 3🔊 4🔊 5🔊

6

He _____ a fan.

1🔊 2🔊 3🔊 4🔊 5🔊

Vocabulary

탁자 table	학교 school	잠옷 pajamas
피자 pizza	자동차 car	선풍기 fan

Speak Up

A 잘 듣고 3초 안에 영어로 말해 보세요. 그러고 난 후 문장을 써 보세요.

1 그녀의 고양이는 울어. ➡ _____

2 그녀는 거실을 청소해. ➡ _____

3 그는 가끔 모자를 써. ➡ _____

4 내 여동생은 그 가게에 가. ➡ _____

5 그녀는 항상 웃어. ➡ _____

6 내 친구는 독일어를 말해. ➡ _____

7 그는 컴퓨터를 고쳐. ➡ _____

8 그는 그게 좋다고 생각해. ➡ _____

9 그녀는 의자들과 책상들을 만들어. ➡ _____

10 너의 친구는 달력이 필요해. ➡ _____

11 우리 아빠는 평소에 날 도와줘. ➡ _____

12 지나는 방과 후에 집에 가. ➡ _____

Vocabulary

울다 cry	가게 store	컴퓨터 computer	달력 calendar
거실 living room	웃다 smile	좋은 good	평소에 usually
쓰다 wear	독일어 German	만들다 make	집 home

Unit 17 가지다 - 있다

⭐ have-has의 의미

문형	의미	예시
사람 + have/has	~을 가지고 있다	I have water. 난 물을 가지고 있다. She has a bag. 그녀는 가방을 가지고 있다. He has a big nose. 그는 코가 크다. (=그는 큰 코를 갖고 있다.)
물건 + have/has	~에는 ~가 있다	This cup has water. 이 컵에는 물이 있다. This pen has ink. 이 펜에는 잉크가 있다. This bag has a pocket. 이 가방에는 주머니가 있다.
장소 + have/has	~에는 ~가 있다	This room has a window. 이 방에는 창문이 있다. This building has a big gate. 이 건물에는 큰 문이 있다.

💬 이시원 선생님표 영어 구구단

주어가 1, 2인칭 or 복수일 때	주어가 3인칭 단수일 때
I have	He has
You have	She has
We have	It has
They have	This has
My friends have	My friend has

💡 Today's Tip

have/has를 사용할 때 주어 자리에 '물건'이나 '장소'를 나타내는 말이 오면 '~에는 ~이(가) 있다'로 해석할 수 있어요.

- 이 호텔에는 수영장이 있어. This hotel has a swimming pool.
- 이 컵에는 꽃 무늬가 있어. This cup has flower patterns.

5 Star Vocabulary

건전지 battery	단추 button	커튼 curtain	엘리베이터 elevator
손잡이 handle	잉크 ink	뚜껑 lid	무늬 pattern
주머니 pocket	끈 strap	바퀴 wheel	지퍼 zipper

Check Up

A 주어진 한글을 보고, 맞는 표현에 체크하세요.

1 그는 갖고 있다
- He have
- He has

2 이것에는 달려있다
- This have
- This has

3 이것에는 붙어 있다
- This has
- has this

4 이 컵에 있다
- has this cup
- This cup has

5 그녀는 갖고 있다
- She has
- She haves

6 이 장소에 있다
- This place haves
- This place has

7 이 방에 있다
- This room has
- have this room

8 내 가방들에 있다
- My bags have
- I have bags

9 이 펜들에는 있다
- These pens have
- These pens has

10 엄마는 갖고 있다
- My mom have
- My mom has

B 주어진 한글을 보고, 맞는 문장에 체크하세요.

1 그는 연필을 갖고 있다.
- He has a pencil.
- He haves a pencil.

2 이 가방에는 주머니가 달려 있다.
- This bag have a pocket.
- This bag has a pocket.

3 이건 끈이 두 개 달려 있다.
- Two strap have this.
- This has two straps.

4 우리 아빠는 머리가 짧으시다.
- My dad has short hair.
- My dad's hair has short.

5 이 책상에는 다리가 네 개 있다.
- Four legs have this desk.
- This desk has four legs.

6 이 건물에는 엘리베이터가 없다.
- This building doesn't have an elevator.
- This building have not an elevator.

Listen Up

A 잘 듣고, 빈칸을 채운 후, 소리 내어 읽어 보세요.

1

It _____ blue ink.

2

_____ _____ patterns.

3

_____ _____ long hair.

4

_____ room _____ a small window.

5

_____ car _____ four wheels.

6

My jacket _____ big buttons.

Vocabulary

| 긴 long | 머리카락 hair | 작은 small |

Speak Up

A 잘 듣고 3초 안에 영어로 말해 보세요. 그러고 난 후 문장을 써 보세요.

1 난 건전지를 갖고 있어. ➡ _____

2 이 드레스는 무늬가 있어. ➡ _____

3 이 냄비는 손잡이가 있어. ➡ _____

4 이 창문은 커튼이 있어. ➡ _____

5 이 방에는 에어컨이 있어. ➡ _____

6 이 바지에는 지퍼가 있어. ➡ _____

7 내 친구는 파란 눈을 가졌어. ➡ _____

8 이 케이크에는 체리가 있어. ➡ _____

9 그들은 큰 집을 갖고 있어. ➡ _____

10 우리 아빠는 큰 코를 갖고 있어. ➡ _____

11 이 교실에는 빈 자리들이 많이 있어. ➡ _____

12 이 병에는 뚜껑이 없어. ➡ _____

Vocabulary

드레스 dress	창문 window	체리 cherry	빈 empty
냄비 pot	에어컨 air conditioner	코 nose	병 jar

Unit 18 있다 - 없다 - 있니?

1 have-has의 의미

have/has는 사람이 주어일 때와 물건, 혹은 장소가 주어일 때를 다르게 해석해요.
주어에 따라 '가지고 있다' 또는 '~이(가) 있다'라는 의미로 사용할 수 있어요.

문형	의미	예시
사람 + have/has	~을 갖고 있다	I have a car. 나는 차를 갖고 있다. He has a car. 그는 차를 갖고 있다. He had a car. 그는 차를 갖고 있었다.
물건 + have/has	~에는 ~가 있다	These cups have patterns. 이 컵들에 무늬가 있다. This cup has patterns. 이 컵에는 무늬가 있다. This cup had patterns. 이 컵에는 무늬가 있었다.
장소 + have/has	~에는 ~가 있다	These rooms have beds. 이 방들에는 침대들이 있다. This room has two beds. 이 방에는 침대가 두 개 있다. This room had two beds. 이 방에는 침대가 두 개 있었다.

이시원 선생님표 영어 구구단

	일반동사 have/has의 동사변화		
	현재		과거
	주어가 1, 2인칭, 복수	주어가 3인칭 단수	모든 주어
긍정문	have	has	had
부정문	don't have	doesn't have	didn't have
의문문	Do you have?	Does it have?	Did it have?

Tip Today's Tip

정해지지 않은 일반적인 내용을 말할 때 주어 they를 사용할 수 있어요.

- 여기에 아주 좋은 레스토랑이 있어. **They have a great restaurant here.**
- 여기에 수영장이 있어. **They have a swimming pool here.**

5 Star Vocabulary

건전지 battery	단추 button	아이스크림 ice cream
경치 view	바퀴 wheel	전선 wire

Check Up

A 주어진 한글을 보고, 맞는 표현에 체크하세요.

1 나는 갖고 있다
- ○ I have
- ○ I has

2 그녀는 갖고 있다
- ○ She have
- ○ She has

3 그것에는 없다
- ○ It don't have
- ○ It doesn't have

4 이 차에 있다
- ○ This car have
- ○ This car has

5 저 방에는 있다
- ○ That room have
- ○ That room has

6 저기에는 없었다
- ○ That don't have
- ○ That didn't have

7 그들은 갖고 있었다
- ○ They have
- ○ They had

8 그것에는 있니?
- ○ Do it have?
- ○ Does it have?

9 이것에는 있었니?
- ○ Does it have?
- ○ Did it have?

10 내 방에는 있었다
- ○ My room had
- ○ My room has

B 주어진 한글을 보고, 맞는 문장에 체크하세요.

1 그것에는 배터리가 없다.
- ○ It don't have a battery.
- ○ It doesn't have a battery.

2 내 방에 경치가 좋다.
- ○ My room has a beautiful view.
- ○ My room had a beautiful view.

3 이 가방에는 무늬가 있었다.
- ○ This bag has patterns.
- ○ This bag had patterns.

4 이 장소에는 화장실이 두 개 있었니?
- ○ Does this place have two bathrooms?
- ○ Did this place have two bathrooms?

5 여기에 아주 좋은 레스토랑이 있니?
- ○ Do they have a great restaurant here?
- ○ Does he have a great restaurant here?

6 이 호텔에는 수영장이 없었다.
- ○ This hotel doesn't have a swimming pool.
- ○ This hotel didn't have a swimming pool.

Listen Up

A 잘 듣고, 빈칸을 채운 후, 소리 내어 읽어 보세요.

1

_____ it _____ a battery?

✓🔊 🔊2 🔊3 🔊4 🔊5

2

_____ coat _____ many buttons.

🔊1 🔊2 🔊3 🔊4 🔊5

3

_____ store _____ ice cream.

🔊1 🔊2 🔊3 🔊4 🔊5

4

_____ _____ a nice view.

🔊1 🔊2 🔊3 🔊4 🔊5

5

It _____ _____ wheels.

🔊1 🔊2 🔊3 🔊4 🔊5

6

_____ we _____ more wires?

🔊1 🔊2 🔊3 🔊4 🔊5

Vocabulary

| 많은 many | 가게 store | 좋은 nice | 더 많은 more |

Speak Up

A 잘 듣고 3초 안에 영어로 말해 보세요. 그러고 난 후 문장을 써 보세요.

1 난 내 수영복 갖고 있어. ➡ _____

2 그는 풀을 안 갖고 있어. ➡ _____

3 이 방에는 창문이 없어. ➡ _____

4 이 장소에는 화장실이 있니? ➡ _____

5 그녀는 테이프를 안 갖고 있었어. ➡ _____

6 넌 보라색 모자를 갖고 있니? ➡ _____

7 우리는 선크림이 없어. ➡ _____

8 이 우산에는 무늬가 있었어. ➡ _____

9 이 교실에 책상들 있었니? ➡ _____

10 난 머리끈 안 갖고 있어. ➡ _____

11 넌 스테이플러 갖고 있니? ➡ _____

12 여기에 작은 동물원이 있어. ➡ _____

Vocabulary

수영복 swimsuit	화장실 bathroom	선크림 sunblock	머리끈 hairband
풀 glue	테이프 tape	우산 umbrella	스테이플러 stapler
창문 window	보라색 purple	책상 desk	동물원 zoo

Unit 19 내 책이다

⭐ be동사 현재형 형태와 의미 – 긍정문

원형	현재형	의미	예시
be	am, are, is	~이다, ~야, ~예요, ~입니다	I am your friend. 난 네 친구다. You are my friend. 넌 내 친구다. This is my book. 이건 내 책이다.

⭐ be동사 현재형의 변신 – 긍정문

인칭	주어	be동사	축약형
1인칭	I	am	I'm
	We	are	We're
2인칭	You	are	You're
	You	are	You're
3인칭	He	is	He's
	She	is	She's
	It	is	It's
	They	are	They're

💬 이시원 선생님표 영어 구구단

인칭	주어(단수)	be동사	주어(복수)	be동사
1인칭	I	am	We	are
2인칭	You	are	You	are
3인칭	He, She, It	is	They	are
	This, That	is	These, Those	are

Tip Today's Tip

this가 사람들을 나타내는 말들과 함께 사용할 때에는 '이 분, 이 사람' 등으로 해석할 수 있어요.
- 이 분은 우리 어머니셔. This is my mother.

5 Star Vocabulary

파랑색 blue	책 book	남자형제 brother	자동차 car	회색 gray
마우스 mouse	빨강색 red	여자형제 sister	선생님 teacher	

Check Up

A 주어진 한글과 주어를 보고, 맞는 be동사에 체크하세요.

1 나는 I
○ am
○ are

2 그는 He
○ are
○ is

3 우리는 We
○ is
○ are

4 이것은 This
○ is
○ am

5 토니는 Tony
○ are
○ is

6 저 가방은 That bag
○ is
○ am

7 내 여동생은 My sister
○ are
○ is

8 내 고양이는 My cat
○ am
○ is

9 사람들은 People
○ are
○ is

10 저 구름들은 Those clouds
○ am
○ are

B 주어진 한글을 보고, 맞는 문장에 체크하세요.

1 그녀는 나의 선생님이시다.
○ She is my teacher.
○ This is my teacher.

2 그들은 한국인이다.
○ We are Koreans.
○ They are Koreans.

3 저것은 그의 마우스이다.
○ That is his mouse.
○ His mouse is that.

4 너희들은 나의 친구들이다.
○ You are my friend.
○ You are my friends.

5 저것들은 우리의 책들이다.
○ That is our book.
○ Those are our books.

6 이 분은 우리 아버지이다.
○ This is my father.
○ He is my father.

A 잘 듣고, 빈칸을 채운 후, 소리 내어 읽어 보세요.

1  _____ _____ Dan.

2 _____ car _____ red.

3  _____ _____ twins.

4  _____ _____ a gray book.

5 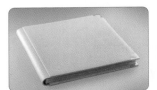 _____ _____ family.

6  _____ _____ my book.

Vocabulary

쌍둥이 twins	가족 family

Speak Up

A 잘 듣고 3초 안에 영어로 말해 보세요. 그러고 난 후 문장을 써 보세요.

1 우리는 가족이야. ➡ _____

2 그는 내 아들이야. ➡ _____

3 그것은 내 자동차야. ➡ _____

4 나는 한국인이야. ➡ _____

5 그녀의 가방은 노란색이야. ➡ _____

6 그것은 그녀의 마우스야. ➡ _____

7 너는 내 친구야. ➡ _____

8 벤은 내 남동생이야. ➡ _____

9 그녀는 내 언니야. ➡ _____

10 저것은 그의 집이야. ➡ _____

11 그들은 내 친구들이야. ➡ _____

12 이 키보드는 검정색이야. ➡ _____

Vocabulary

아들 son	노란색 yellow	키보드 keyboard
한국인 Korean	집 house	검정색 black

Unit 20 내 책이 아니다

⭐ be동사 현재형 형태와 의미 – 부정문

원형	현재형	의미	예시
be	am, are, is + not	~가 아니다 ~가 아니에요 ~가 아닙니다	I am not his friend. 난 그의 친구가 아니다. You are not my friend. 넌 내 친구가 아니다. This is not my book. 이건 내 책이 아니다.

⭐ be동사 현재형의 변신 – 부정문

인칭	주어	be동사 + not	축약형 1	축약형 2
1인칭	I	am not	I'm	–
	We	are not	We're	We aren't
2인칭	You	are not	You're	You aren't
	You	are not	You're	You aren't
3인칭	He	is not	He's	He isn't
	She	is not	She's	She isn't
	It	is not	It's	It isn't
	They	are not	They're	They aren't

💬 이시원 선생님표 영어 구구단

인칭	주어(단수)	be동사 + not	주어(복수)	be동사 + not
1인칭	I	am not	We	are not
2인칭	You	are not	You	are not
3인칭	He, She, It	is not	They	are not
	This, That	is not	These, Those	are not

💡 5 Star Vocabulary

야구공 baseball	농구공 basketball	축구공 soccer ball
아들 son	딸 daughter	학생 student
검정색 black	파란색 blue	회색 gray

Check Up

A 주어진 한글과 주어를 보고, 맞는 be동사의 부정형에 체크하세요.

1 나는 I
- are not
- am not

2 그녀 She
- is not
- are not

3 너희들은 You
- are not
- is not

4 저것은 That
- am not
- is not

5 이것들은 These
- are not
- is not

6 이 야구공은 This baseball
- am not
- isn't

7 내 딸들은 My daughters
- aren't
- isn't

8 너의 친구는 Your friend
- am not
- isn't

9 톰과 제리는 Tom and Jerry
- aren't
- isn't

10 저 연필은 That pencil
- isn't
- aren't

B 주어진 한글을 보고, 맞는 문장에 체크하세요.

1 우리는 친구가 아니다.
- You are not friends.
- We are not friends.

2 그는 내 아들이 아니다.
- He is not my son.
- You are not my son.

3 이 바지들은 검은색이 아니다.
- These pants are not black.
- My pants are not black.

4 이것들은 야구공이 아니다.
- They are not baseballs.
- These are not baseballs.

5 그것들은 너의 책들이 아니다.
- It is not your book.
- They are not your books.

6 그녀는 너의 선생님이 아니다.
- She is not your teacher.
- I am not your teacher.

A 잘 듣고, 빈칸을 채운 후, 소리 내어 읽어 보세요.

1

This _____ _____ my baseball.

1) 2) 3) 4) 5)

2

I _____ _____ a student.

1) 2) 3) 4) 5)

3

This soccer ball _____ _____ black.

1) 2) 3) 4) 5)

4

They _____ _____ daughters.

1) 2) 3) 4) 5)

5

These shoes _____ _____ blue.

1) 2) 3) 4) 5)

6

This _____ _____ my basketball.

1) 2) 3) 4) 5)

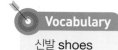
Vocabulary

신발 shoes

Speak Up

A 잘 듣고 3초 안에 영어로 말해 보세요. 그러고 난 후 문장을 써 보세요.

1 너는 내 친구가 아니야. ➡ _____

2 나는 의사가 아니야. ➡ _____

3 그는 내 오빠가 아니야. ➡ _____

4 우리는 네 가족이 아니야. ➡ _____

5 그것들은 너의 옷이 아니야. ➡ _____

6 그녀는 너의 딸이 아니야. ➡ _____

7 케빈은 그녀의 사촌이 아니야. ➡ _____

8 이것들은 인형이 아니야. ➡ _____

9 이 치마는 분홍색이 아니야. ➡ _____

10 내 빗은 갈색이 아니야. ➡ _____

11 저것들은 내 장난감이 아니야. ➡ _____

12 해리는 고등학생이 아니야. ➡ _____

Vocabulary

의사 doctor	인형 doll	갈색 brown
옷 clothes	치마 skirt	장난감 toy
사촌 cousin	빗 comb	고등학생 high school student

Unit 21 내 책이었다 - 내 책이 아니었다

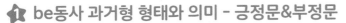

⭐ be동사 과거형 형태와 의미 - 긍정문&부정문

원형	과거형	의미	예시
be	was, were	~였다, ~이었다	He was my friend. 그는 내 친구였다. They were my friends. 그들은 내 친구들이었다.
	was, were + not	~이 아니었다	We were not friends. 우리는 친구가 아니었다. This was not my book. 이건 내 책이 아니었다.

⭐ be동사 과거형의 변신 - 긍정문&부정문

인칭	주어	be동사	be동사 + not	축약형
1인칭	I	was	was not	I wasn't
	We	were	were not	We weren't
2인칭	You	were	were not	You weren't
	You	were	were not	You weren't
3인칭	He	was	was not	He wasn't
	She	was	was not	She wasn't
	It	was	was not	It wasn't
	They	were	were not	They weren't

💬 이시원 선생님표 영어 구구단

인칭	현재			과거		
	긍정문	부정문	의문문	긍정문	부정문	의문문
1인칭	I am	I am not	Am I ~?	I was	I was not	Was I ~?
2인칭	You are	You are not	Are you ~?	You were	You were not	Were you ~?
3인칭	He is	He is not	Is he ~?	He was	He was not	Was he ~?
	This is	This is not	Is this ~?	This was	This was not	Was this ~?

💡 5 Star Vocabulary

물 water	얼음 ice	소금 salt
설탕 sugar	한국인 Korean	일본인 Japanese

Check Up

A 주어진 한글과 주어를 보고, 맞는 be동사에 체크하세요.

1 그녀는 내 친구였다.   She ○ was ○ were my friend.

2 나는 너의 형이 아니다.   I ○ am not ○ are not your brother.

3 너희들은 학생이었다.   You ○ was ○ were students.

4 저것은 소금이 아니다.   That ○ is not ○ am not salt.

5 이것은 그의 책이 아니었다.   This ○ was not ○ were not his book.

6 내 언니는 작년에 11살이었다.   My sister ○ was ○ were 11 years old last year.

7 톰과 제리는 친구가 아니었다.   Tom and Jerry ○ was not ○ were not friends.

8 저 분은 너의 선생님이셨니?   ○ Was ○ Were that your teacher?

B 주어진 한글을 보고, 맞는 문장에 체크하세요.

1 그들은 학생이 아니었다.
   ○ They are not students.
   ○ They were not students.

2 그것은 차가운 물이다.
   ○ It is cold water.
   ○ It was not cold water.

3 이것은 설탕이 아니다.
   ○ This is not sugar.
   ○ This was not sugar.

4 그는 작년에 10살이었니?
   ○ Is he 10 years old last year?
   ○ Was he 10 years old last year?

5 그들은 한국인이니?
   ○ Are they Korean?
   ○ Were they Korean?

6 그게 너였니?
   ○ Is it you?
   ○ Was it you?

Listen Up

Ⓐ 잘 듣고, 빈칸을 채운 후, 소리 내어 읽어 보세요.

1

It _____ hot water.

☑️ 2)) 3)) 4)) 5))

2

_____ it black sugar?

1)) 2)) 3)) 4)) 5))

3

This _____ ice.

1)) 2)) 3)) 4)) 5))

4

That _____ _____ fine salt.

1)) 2)) 3)) 4)) 5))

5

_____ a doctor?

1)) 2)) 3)) 4)) 5))

6

_____ friends.

1)) 2)) 3)) 4)) 5))

Vocabulary

뜨거운 hot   흑설탕 black sugar   (알갱이가) 고운 fine

Speak Up

A 잘 듣고 3초 안에 영어로 말해 보세요. 그러고 난 후 문장을 써 보세요.

1 난 작가였어. ➡ _____

2 그것은 뜨거운 수프였어. ➡ _____

3 너희들은 내 학생들이었어. ➡ _____

4 그것은 검은색 차가 아니었어. ➡ _____

5 넌 가수였어. ➡ _____

6 그녀는 내 여동생이야. ➡ _____

7 저것은 내 치즈가 아니야. ➡ _____

8 그들은 내 선생님들이었어. ➡ _____

9 그는 경찰관이었어? ➡ _____

10 난 네 친구가 아니었어. ➡ _____

11 이것은 그의 방이 아니었어. ➡ _____

12 너는 작년에 12살이었어? ➡ _____

Vocabulary

작가 writer	학생 student	치즈 cheese	방 room
수프 soup	가수 singer	경찰관 police officer	작년 last year

Unit 22 그는 서울에 있다

⭐ be동사의 의미

의미	형태	예시
~이다	be동사 + 명사	He is a student. 그는 학생이다.
~에 있다	be동사 + in 장소	He is in Seoul. 그는 서울에 있다.
~와 함께 있다	be동사 + with 사람	He is with his family. 그는 가족과 함께 있다.

⭐ be동사와 장소 표현 말하기 I

의미	형태	예시
여기에 있다	be동사 + here	I am here. 난 여기에 있다.
저기에 있다	be동사 + there	They were there. 그들은 저기에 있었다.
~에 있다	be동사 + in 장소	We are in Incheon. 우리는 인천에 있다.
	be동사 + at 장소	She was at school. 그녀는 학교에 있었다.

⭐ be동사와 with 사람 표현 말하기

의미	형태	예시
~와 함께 있다	be동사 + with 사람	He is with his family. 그는 가족과 함께 있다.
		I was with her. 나는 그녀와 함께 있었다.

💬 이시원 선생님표 영어 구구단

현재			과거		
긍정문	부정문	의문문	긍정문	부정문	의문문
I am	I am not	Am I ~?	I was	I was not	Was I ~?
You are	You are not	Are you ~?	You were	You were not	Were you ~?
He is	He is not	Is he ~?	He was	He was not	Was he ~?
It is	It is not	Is it ~?	It was	It was not	Was it ~?
They are	They are not	Are they ~?	They were	They were not	Were they ~?

💡 5 Star Vocabulary

(장소)에 at   (장소)안에 in   여기에 here
저기에 there   집 house   차고 garage

Check Up

A 주어진 한글과 주어를 보고, 맞는 be동사의 부정형에 체크하세요.

1 나는 그와 함께 있다.　　　　　　　I ○ am ○ are with him.

2 그는 여기에 있지 않다.　　　　　　He ○ am not ○ is not here.

3 우리는 서울에 있다.　　　　　　　We ○ are ○ is in Seoul.

4 내 의자가 방에 있니?　　　　　　○ Is ○ Are my chair in the room?

5 그들은 집 안에 있었다.　　　　　　They ○ was ○ were in the house.

6 너는 어제 여기에 있었니?　　　　　○ Was ○ Were you here yesterday?

7 그녀는 그녀의 친구들과 함께 있었다.　She ○ was ○ were with her friends.

8 그는 어젯밤 저기에 있었니?　　　　○ Was ○ Were he there last night?

B 주어진 한글을 보고, 맞는 문장에 체크하세요.

1 나는 거기에 있었다.
　　○ I am here.
　　○ I was there.

2 그녀는 가족과 함께 있다.
　　○ She is with her family.
　　○ She was with her family.

3 그들은 집에 있니?
　　○ Are they at home?
　　○ Were they at home?

4 너희들은 여기에 있지 않았다.
　　○ You were not here.
　　○ They were not here.

5 내 차는 차고에 있지 않았다.
　　○ My car is not in the garage.
　　○ My car was not in the garage.

6 나는 엄마와 서울에 있었다.
　　○ I am with Mom in Seoul.
　　○ I was with Mom in Seoul.

A 잘 듣고, 빈칸을 채운 후, 소리 내어 읽어 보세요.

1 _____ _____ in Busan.

2 I _____ home.

3 My house _____ _____.

4 _____ they _____?

5 It _____ not _____ the table.

6 The car _____ _____ the garage.

Vocabulary

부산 Busan	탁자 table	자동차 car

Speak Up

A 잘 듣고 3초 안에 영어로 말해 보세요. 그러고 난 후 문장을 써 보세요.

1 그녀는 그와 함께 있어. ➡ _____

2 넌 집에 있니? ➡ _____

3 나는 서울에 안 있었어. ➡ _____

4 나는 학교에 있었어. ➡ _____

5 그녀는 파리에 있어. ➡ _____

6 그는 여기에 없어. ➡ _____

7 나는 여자친구와 함께 있었어. ➡ _____

8 네 친구는 저기 있었어? ➡ _____

9 우리 아빠는 부엌에 있었어. ➡ _____

10 넌 공원에 있었어? ➡ _____

11 우리는 거실에 있어. ➡ _____

12 너희들은 체육관에 있었어? ➡ _____

Vocabulary

서울 Seoul	여자친구 girlfriend	공원 park	체육관 gym
파리 Paris	부엌 kitchen	거실 living room	

Unit 23 그건 탁자 아래 있다

① be동사와 장소 표현 말하기 II

be + near	be + by	be + above	be + in front of
She is near me.	I am by the box.	I am above the box.	I am in front of the box.
그녀는 내 **근처에** 있다.	난 박스 **옆에** 있다.	난 박스 **위에** 있다.	난 박스 **앞에** 있다.
be + far from	**be + on**	**be + under**	**be + behind**
She is far from me.	I am on the box.	I am under the box.	I am behind the box.
그녀는 내 **멀리** 있다.	난 박스 **위에** 있다.	난 박스 **아래** 있다.	난 박스 **뒤에** 있다.

💬 이시원 선생님표 영어 구구단

be동사 + 장소 전치사			
by	It's by the table.	on	It's on the table.
above	It's above the table.	under	It's under the table.
near	It's near the table.	far from	It's far from the table.
in front of	It's in front of the table.	behind	It's behind the table.

🗨 Today's Tip

above와 on은 모두 '~위에'라는 뜻을 가진 전치사이지만, on은 무엇의 표면에 닿은 상태를 나타내고, above는 위치나 지면에서부터 떨어진 상태를 나타내요.

- 그 그림은 벽에 (붙어) 있어. The picture is on the wall.
- 그 전등은 내 위에 (달려) 있어. The light is above me.

💡 5 Star Vocabulary

~위에 above	~뒤에 behind	~옆에 by
~에서 멀리 far from	~앞에 in front of	~가까이에 near
~위에 on	~아래 under	

Check Up

A 주어진 한글을 보고, 맞는 표현에 체크하세요.

1 그들 근처에 있다
- is near them
- is above them

2 우리에게 멀리 있다
- are under us
- are far from us

3 (붙어서) 그녀 위에 있다
- is on her
- is in front of her

4 (떨어져서) 내 위에 있었다
- was above me
- was on me

5 나의 엄마 옆에 있다
- am on my mom
- am by my mom

6 너의 집 뒤에 있었다
- were far from your house
- were behind your house

B 주어진 한글을 보고, 맞는 문장에 체크하세요.

1 그들은 탁자 앞에 있었다.
- They are in front of the table.
- They were in front of the table.

2 샐리는 의자 옆에 있었다.
- Sally is by the chair.
- Sally was by the chair.

3 내 우산이 탁자 아래에 있다.
- My umbrella is on the table.
- My umbrella is under the table.

4 그 책은 책상 위에 있다.
- The book is on the desk.
- The book is under the desk.

5 나의 엄마는 내 가까이에 있다.
- My mom is near me.
- My mom is far from me.

6 부산은 서울에서 멀리 있다.
- Busan is behind Seoul.
- Busan is far from Seoul.

Listen Up

A 잘 듣고, 빈칸을 채운 후, 소리 내어 읽어 보세요.

1

I am _____ the sofa.

1✓)) 2)) 3)) 4)) 5))

2

He is _____ _____ the dog.

1)) 2)) 3)) 4)) 5))

3

The cat _____ _____
the chair.

1)) 2)) 3)) 4)) 5))

4

The books _____ _____
the desk.

1)) 2)) 3)) 4)) 5))

5

She _____ _____ me.

1)) 2)) 3)) 4)) 5))

6

She is _____ _____ _____
the tree.

1)) 2)) 3)) 4)) 5))

Vocabulary

소파 sofa　　　　　의자 chair　　　　　책상 desk

Speak Up

A 잘 듣고 3초 안에 영어로 말해 보세요. 그러고 난 후 문장을 써 보세요.

1 난 탁자 옆에 있었어. ➡ _____

2 그는 내 근처에 있어. ➡ _____

3 그녀는 버스 옆에 있어. ➡ _____

4 우리는 역 앞에 있어. ➡ _____

5 그 개가 매트 위에 있었어. ➡ _____

6 그 컵은 선반에서 멀리 있어. ➡ _____

7 그 새가 나무 위에 있어. ➡ _____

8 그녀는 다리 아래에 있었어. ➡ _____

9 그들은 내 친구 뒤에 있어. ➡ _____

10 짐은 여기서 멀리 있었어. ➡ _____

11 난 그 가게 근처에 있었어. ➡ _____

12 그 시계는 벽에 있어. ➡ _____

Vocabulary

버스 bus	선반 shelf	가게 store
역 station	새 bird	시계 clock
매트 mat	다리 bridge	벽 wall

Unit 24 우린 여기 있을 것이다

⭐ be동사의 미래형의 형태와 의미

will be + 명사	~일 거다	I will be a teacher. 나는 선생님이 될 거다.
will be + 장소 표현	~에 있을 거다	I will be here. 나는 여기에 있을 거다.

✌ be동사 미래형의 문형

be동사 미래시제의 긍정문		
모든 주어	will + be	You will be a teacher. 너는 선생님이 될 거다. He will be at home. 그는 집에 있을 거다.

be동사 미래시제의 부정문		
모든 주어	will not (=won't) + be	You won't be a teacher. 너는 선생님이 안 될 거다. He won't be at home. 그는 집에 없을 거다.

be동사 미래시제의 의문문			
Will	모든 주어	be~?	Will you be a teacher? 너는 선생님이 될 거니? Will he be at home? 그는 집에 있을 거니?

💬 이시원 선생님표 영어 구구단

미래시제		
긍정문	부정문	의문문
I will be here.	I won't be here.	Will I be here?
She will be here.	She won't be here.	Will she be here?
They will be here.	They won't be here.	Will they be here?

💡 Today's Tip

be동사로 명령문을 말할 때에는 be동사의 원형 be를 그대로 사용할 수 있어요.

- 여기에 나와 함께 있어. **Be here with me.**
- 조용히 해. **Be quiet.**

5 Star **Vocabulary**

집 house	방 room	돈 money
책 book	~에서 멀리 far from	~가까이에 near
~위에 on	~아래 under	

Check Up

A 주어진 한글을 보고, 맞는 표현에 체크하세요.

1 나는 I
- will am
- will be

2 그녀는 She
- will is
- will be

3 우리는 We
- will be
- are will

4 저것은 That
- will be
- is will

5 톰은 Tom
- be will
- will be

6 내 친구는 My friend
- won't be
- won't is

7 그의 차는 His car
- is won't
- won't be

8 내 노래는 My song
- is will not
- won't be

9 사람들은 People
- won't be
- will not are

10 그 남자는 The man
- not will be
- will not be

B 주어진 한글을 보고, 맞는 문장에 체크하세요.

1 나는 의사가 될 것이다.
- I will am a doctor.
- I will be a doctor.

2 내 남동생은 내년에 학생이 될 것이다.
- My brother will is a student next year.
- My brother will be a student next year.

3 그들은 저기에 있을 것이다.
- They are there.
- They will be there.

4 그는 토요일에 학교에 있지 않을 것이다.
- He won't be at school on Saturday.
- He doesn't be at school on Saturday.

5 너는 선생님이 될 거니?
- Do you be a teacher?
- Will you be a teacher?

6 너의 어머니는 집에 계실 거니?
- Will your mother be at home?
- Does your mother be at home?

Listen Up

A 잘 듣고, 빈칸을 채운 후, 소리 내어 읽어 보세요.

1

They _____ _____ in the playroom.

2

He _____ _____ in his room.

🔊1)) 🔊2)) 🔊3)) 🔊4)) 🔊5))

3

The book _____ be _____ the blanket.

🔊1)) 🔊2)) 🔊3)) 🔊4)) 🔊5))

4

The wallet _____ _____ on the money.

🔊1)) 🔊2)) 🔊3)) 🔊4)) 🔊5))

5

My house _____ _____ near the tree.

🔊1)) 🔊2)) 🔊3)) 🔊4)) 🔊5))

6

_____ you be _____ the desk?

🔊1)) 🔊2)) 🔊3)) 🔊4)) 🔊5))

Vocabulary

놀이방 playroom
담요 blanket

지갑 wallet
나무 tree

Speak Up

A 잘 듣고 3초 안에 영어로 말해 보세요. 그러고 난 후 문장을 써 보세요.

1 난 간호사가 될 거야. ➡ _____

2 그들은 여기에 있을 거야. ➡ _____

3 그는 내일 학교에 안 있을 거야. ➡ _____

4 넌 너의 방 안에 있을 거야? ➡ _____

5 난 집에 안 있을 거야. ➡ _____

6 우리는 발명가가 될 거야. ➡ _____

7 그녀는 여기서 멀리 있을 거야. ➡ _____

8 그 수건이 바구니에 있을 거야. ➡ _____

9 그는 수요일에 집에 안 있을 거야. ➡ _____

10 넌 다음 주에 런던에 있을 거야? ➡ _____

11 조용히 해. ➡ _____

12 여기에 너의 어머니와 함께 있어. ➡ _____

Vocabulary

간호사 nurse	발명가 inventor	수요일 Wednesday
내일 tomorrow	수건 towel	다음 주 next week

Unit 25 나는 배고프다

⭐ be동사와 형용사

형용사는 be동사 뒤에 사용되어 주어의 상태, 성질 혹은 모양이나 크기 등을 나타낼 수 있어요.

주어 + be동사 + 형용사	~이다, ~예요	I am hungry. 나는 배고프다. It is long. 그것은 길다.

⭐ 형용사의 종류

상태나 성질, 감정, 모양이나 크기, 색깔을 나타내는 단어들을 형용사라고 해요.

상태	성질	감정	모양/크기	색깔
busy	cold	happy	big	red
hungry	hot	sad	small	blue
thirsty	smart	angry	long	green
tired	kind	surprised	short	yellow

💬 이시원 선생님표 영어 구구단

be동사와 형용사 표현		
현재	과거	미래
I am hungry.	I was hungry.	Will I be hungry?
He is busy.	He was busy.	Will he be busy?
We are tired.	We were tired.	Will you be tired?

Tip Today's Tip

형용사는 꾸며 주거나 설명하는 말로 '~한, ~인' 이라고 해석하므로 '~하다, ~이다' 라고 하려면 반드시 be동사가 있어야 해요.

- 배고픈 hungry - 배고프다 be hungry
- 졸린 sleepy - 졸리다 be sleepy

5 Star Vocabulary

바쁜 busy	배고픈 hungry	긴 long
예쁜 pretty	짧은 short	졸린 sleepy
똑똑한 smart	목마른 thirsty	피곤한 tired
못생긴 ugly		

Check Up

A 주어진 한글을 보고, 맞는 표현에 체크하세요.

1 짧다
- is short
- was short

2 바빴다
- am busy
- was busy

3 배고팠다
- are hungry
- were hungry

4 똑똑하다
- am smart
- was smart

5 예쁘다
- are pretty
- were pretty

6 피곤할 것이다
- be tired
- will be tired

7 졸릴 것이다
- are sleepy
- will be sleepy

8 목말랐다
- was thirsty
- will be thirsty

9 못생겼다
- am ugly
- will be ugly

10 길다
- is long
- was long

B 주어진 한글을 보고, 맞는 문장에 체크하세요.

1 난 목이 말랐다.
- I am thirsty.
- I was thirsty.

2 그들은 매우 똑똑하다.
- They are very smart.
- They were very smart.

3 그 의사는 피곤했다.
- The doctor was tired.
- The doctor will be tired.

4 이 연필은 짧아질 것이다.
- This pencil is short.
- This pencil will be short.

5 나의 선생님은 항상 바쁘시다.
- My teacher is always busy.
- My teacher will be always busy.

6 그 강아지는 못생겼다.
- The dog is ugly.
- The dog was ugly.

A 잘 듣고, 빈칸을 채운 후, 소리 내어 읽어 보세요.

1

We are _____.

🔊✓ 🔊2 🔊3 🔊4 🔊5

2

I _____ _____ last night.

🔊1 🔊2 🔊3 🔊4 🔊5

3

They _____ _____ yesterday.

🔊1 🔊2 🔊3 🔊4 🔊5

4

He _____ _____.

🔊1 🔊2 🔊3 🔊4 🔊5

5

I _____ sleepy.

🔊1 🔊2 🔊3 🔊4 🔊5

6

You _____ _____.

🔊1 🔊2 🔊3 🔊4 🔊5

🎤 **Vocabulary**

어젯밤 last night	어제 yesterday

Speak Up

A 잘 듣고 3초 안에 영어로 말해 보세요. 그러고 난 후 문장을 써 보세요.

1 톰은 피곤했어. ⇒ _____

2 난 졸려. ⇒ _____

3 그는 목이 말라. ⇒ _____

4 그녀는 바빴어. ⇒ _____

5 그 신발은 커. ⇒ _____

6 내 바지는 짧아. ⇒ _____

7 난 아름다워. ⇒ _____

8 우리는 행복해. ⇒ _____

9 그 차는 뜨거워. ⇒ _____

10 네 친구는 놀랐어. ⇒ _____

11 그 레몬은 노란색이야. ⇒ _____

12 이 지우개는 짧아질 거야. ⇒ _____

Vocabulary

신발 shoes	행복한 happy	레몬 lemon
바지 pants	차 tea	노란색의 yellow
아름다운 beautiful	놀란 surprised	지우개 eraser

Unit 26 나는 펜을 하나 샀다

① 명사가 하나일 때 말하기

명사가 하나일 때 그것을 단수명사라고 부르고 명사 앞에 관사 a, an, the를 써야 해요.

관사	의미	예시
a, an	하나, 하나의	a pen 펜 하나, an apple 사과 한 개
the	그	the pen 그 펜, the apple 그 사과

* 발음이 모음(a, e, i, o, u)일 때에는 반드시 명사 앞에 an을 사용해요.

② 명사가 두 개 이상일 때 말하기

명사가 두 개 이상일 때 그것을 복수명사라고 부르고 명사 뒤에 -s를 붙여 줘요.

복수명사의 형태 변화			
대부분의 명사	-s -o, -x, -ch, -sh	-f, -fe	자음 + -y
+s	+es	-f, -fe를 v로 고치고 +es	-y를 i로 고치고 +es
apple – apples book – books cup – cups pen – pens	bus – buses potato – potatoes box – boxes bench – benches	leaf – leaves wolf – wolves knife – knives wife – wives	baby – babies city – cities lady – ladies party - parties

💬 이시원 선생님표 영어 구구단

관사와 복수형 말하기		
a/an	the	복수형
I bought a pen.	I bought the pen.	I bought pens.
I bought an orange.	I bought the orange.	I bought oranges.

🔎 Today's Tip

관사 a, an, the는 명사와 함께 쓰이고 소유격 my, your, his, her, our, their도 명사와 함께 쓰여요. 하지만 관사와 소유격은 동시에 쓰이지 못한다는 걸 꼭 기억해야 해요.

• 내 펜 하나 a my pen (X)   • 내 그 펜 the my pen (X)
• 펜 하나 a pen (O)   • 그 펜 the pen (O)   • 내 펜 my pen (O)

5 Star Vocabulary

사과 apple	상자 box	버스 bus	컵 cup
접시 dish	나뭇잎 leaf	오렌지 orange	파티 party

Check Up

A 주어진 한글을 보고, 맞는 표현에 체크하세요.

1 펜 하나
- a pen
- the pen

2 그 책
- a book
- the book

3 오렌지 하나
- an orange
- the orange

4 컵 여러 개
- a cup
- cups

5 버스 여러 대
- a bus
- buses

6 사과 여러 개
- an apple
- apples

7 나뭇잎들
- a leaf
- leaves

8 그 도시들
- a city
- the cities

9 그 파티
- the party
- the parties

10 접시 여러 개
- a dish
- dishes

B 주어진 한글을 보고, 맞는 문장에 체크하세요.

1 나의 친구는 그 책을 샀다.
- My friend bought a book.
- My friend bought the book.

2 난 오렌지를 하나 먹었다.
- I ate oranges.
- I ate an orange.

3 우리 아빠는 차 한 대를 가져오셨다.
- My dad brought a car.
- My dad brought cars.

4 그 버스는 노란색이다.
- A bus is yellow.
- The bus is yellow.

5 그 박스들은 매우 크다.
- The box is very big.
- The boxes are very big.

6 그는 많은 늑대들을 보았다.
- He saw many wolves.
- He saw a wolf.

A 잘 듣고, 빈칸을 채운 후, 소리 내어 읽어 보세요.

1

He has _____ _____.
✓ 2)) 3)) 4)) 5))

2

I have many _____.
1)) 2)) 3)) 4)) 5))

3

It is _____ _____.
1)) 2)) 3)) 4)) 5))

4

There are many _____ on the ground.
1)) 2)) 3)) 4)) 5))

5

Three _____ are on the shelf.
1)) 2)) 3)) 4)) 5))

6

_____ _____ is on the table.
1)) 2)) 3)) 4)) 5))

🔑 **Vocabulary**

땅 ground	선반 shelf	탁자 table

Speak Up

A 잘 듣고 3초 안에 영어로 말해 보세요. 그러고 난 후 문장을 써 보세요.

1 난 숟가락을 한 개 갖고 있어. ⇒ _____

2 넌 칫솔 한 개를 샀어. ⇒ _____

3 우리 엄마는 박스 한 개를 가져오셨어. ⇒ _____

4 그는 바나나를 한 개 먹었어. ⇒ _____

5 그 토끼는 하얀색이야. ⇒ _____

6 그녀는 많은 오리들을 봤어. ⇒ _____

7 내 친구는 자를 하나 갖고 있어. ⇒ _____

8 우리는 빨간 티셔츠들을 갖고 있어. ⇒ _____

9 난 그 도시들을 방문했어. ⇒ _____

10 그들은 그 우산들을 놓고왔어. ⇒ _____

11 넌 그 달걀들을 삶았어. ⇒ _____

12 우리는 우리의 침실을 청소했어. ⇒ _____

Vocabulary

숟가락 spoon	흰색 white	티셔츠 T-shirt	삶다 boil
칫솔 toothbrush	오리 duck	방문하다 visit	청소하다 clean
바나나 banana	자 ruler	도시 city	침실 bedroom

Unit 27 하다 - 안 하다 - 했다 - 안 했다

💬 이시원 선생님표 구구단 1 - 일반동사

현재			과거		
긍정문	부정문	의문문	긍정문	부정문	의문문
~하다	~ 안 하다	~하니?	~했다	~ 안 했다	~했니?
I go	I don't go	Do I go?	I went	I didn't go	Did I go?
You go	You don't go	Do you go?	You went	You didn't go	Did you go?
He goes	He doesn't go	Does he go?	He went	He didn't go	Did he go?

💬 이시원 선생님표 영어 구구단 2 - be동사

현재			과거		
긍정문	부정문	의문문	긍정문	부정문	의문문
~이다	~ 아니다	~이니?	~이었다	~ 아니었다	~였니?
I am	I am not	Am I ~?	I was	I was not	Was I ~?
You are	You are not	Are you ~?	You were	You were not	Were you ~?
He is	He is not	Is he ~?	He was	He was not	Was he ~?

💬 이시원 선생님표 영어 구구단 3 - 조동사 will (미래)

일반동사			be동사		
긍정문	부정문	의문문	긍정문	부정문	의문문
~할 거다	~안 할 거다	~할 거니?	~일 거다	~아닐 거다	~일 거니?
I will go	I won't go	Will I go?	I will be	I won't be	Will I be?
You will go	You won't go	Will you go?	You will be	You won't be	Will you be?
He will go	He won't go	Will he go?	He will be	He won't be	Will he be?

💬 이시원 선생님표 영어 구구단 4 - 조동사 can (가능, 허가)

일반동사			be동사		
긍정문	부정문	의문문	긍정문	부정문	의문문
~할 수 있다	~할 수 없다	~할 수 있니?	~일 수 있다	~일 수 없다	~일 수 있니?
I can go	I can't go	Can I go?	I can be	I can't be	Can I be?
You can go	You can't go	Can you go?	You can be	You can't be	Can you be?
He can go	He can't go	Can he go?	He can be	He can't be	Can he be?

Check Up

A 주어진 한글을 보고, 맞는 표현에 체크하세요.

1 난 갖고 있다
   - ○ I have
   - ○ I had

2 그는 공부한다
   - ○ He studies
   - ○ He studied

3 그녀는 갖고 왔다
   - ○ She brings
   - ○ She brought

4 우리는 안 좋아한다
   - ○ We don't like
   - ○ We didn't like

5 그들은 여기에 있다
   - ○ They are here
   - ○ They were here

6 너는 아닐 거다
   - ○ You aren't
   - ○ You won't be

7 내가 가도 되니?
   - ○ Can I go?
   - ○ Will I go?

8 그는 살 수 없다
   - ○ He can't buy
   - ○ He doesn't buy

9 난 안 갖고 있었다
   - ○ I don't keep
   - ○ I didn't keep

10 난 안 잃어버렸다
   - ○ I don't lose
   - ○ I didn't lose

B 주어진 한글을 보고, 맞는 문장에 체크하세요.

1 너는 괜찮을 것이다.
   - ○ You will be fine.
   - ○ You can be fine.

2 그는 그걸 여기에 안 놓고 갔다.
   - ○ He doesn't leave it here.
   - ○ He didn't leave it here.

3 너는 너의 펜을 잃어버렸다.
   - ○ You lose your pen.
   - ○ You lost your pen.

4 그들은 집에 있을 것이다.
   - ○ They are at home.
   - ○ They will be at home.

5 너희들은 오늘 올 수 있니?
   - ○ Can you come today?
   - ○ Do you come today?

6 그녀는 선생님이 아니다.
   - ○ She is not a teacher.
   - ○ She won't be a teacher.

Listen Up

A 잘 듣고, 빈칸을 채운 후, 소리 내어 읽어 보세요.

1

Santa Claus _____ our gifts.

✓🔊 2🔊 3🔊 4🔊 5🔊

2

_____ I _____ this spaghetti?

1🔊 2🔊 3🔊 4🔊 5🔊

3

You _____ _____ a firefighter.

1🔊 2🔊 3🔊 4🔊 5🔊

4

She _____ sad.

1🔊 2🔊 3🔊 4🔊 5🔊

5

These cakes _____ strawberries on them.

1🔊 2🔊 3🔊 4🔊 5🔊

6

He _____ to school with her.

1🔊 2🔊 3🔊 4🔊 5🔊

Vocabulary

선물 gift	소방관 firefighter	케이크 cake
스파게티 spaghetti	슬픈 sad	딸기 strawberry

Speak Up

A 잘 듣고 3초 안에 영어로 말해 보세요. 그러고 난 후 문장을 써 보세요.

1 그녀는 그를 몰라. ➡ _____

2 너 나랑 함께 갈 거야? ➡ _____

3 그들은 괜찮을 거야. ➡ _____

4 나 네 연필 빌릴 수 있어? ➡ _____

5 난 그와 연락했어. ➡ _____

6 난 네게 메시지를 보낼 거야. ➡ _____

7 그녀의 바지는 길어. ➡ _____

8 그는 나에게 이야기를 말해줬어. ➡ _____

9 난 이거 다룰 수 있어. ➡ _____

10 우리는 그 게임에서 이겼어. ➡ _____

11 그들은 바닥을 쓸었어. ➡ _____

12 넌 그 노래를 기억할 수 있어? ➡ _____

Vocabulary

빌리다 borrow	메시지 message	다루다 handle	쓸다 sweep
연락하다 contact	바지 pants	이기다 win	바닥 floor
보내다 send	말하다 tell	게임 game	기억하다 remember

Unit 28 난 주스를 마시고 싶다

⭐ 주어와 목적어

영어 문장의 각 단어는 역할에 따라 자리가 정해져요. 같은 단어라도 위치에 따라 주어가 되기도 하고 목적어가 되기도 해요.

문장의 성분	의미	예시
주어	~은, 는, 이, 가	Julia likes me. 줄리아는 나를 좋아한다. (Julia = 주어)
목적어	~을, 를	I like Julia. 난 줄리아를 좋아한다. (Julia = 목적어)

⭐ to부정사로 말하기

to부정사는 문장에서 **목적어로 쓰여 '~하길, ~하는 것을'** 이라는 의미로 사용돼요.

형태	의미	예시
to + 동사원형	~하길, ~하는 것을	I want to drink juice. 난 주스를 마시길 원한다. (to drink = 목적어) He wants to see you. 그는 너를 보는 것을 원한다. (to see = 목적어)

💬 이시원 선생님표 영어 구구단

to부정사 말하기			
두고가다	leave	두고갈길, 두고가는 것을	to leave
가져가다	take	가져가길, 가져가는 것을	to take
마시다	drink	마시길, 마시는 것을	to drink
보다	see	보길, 보는 것을	to see

💡 Today's Tip

want는 '원하다'라는 의미로 to부정사와 자주 쓰이는 동사예요. to부정사와 함께 쓰일 때 '~하고 싶다'로 해석하면 자연스러워요.

• 난 그 책을 읽고 싶다. I want to read the book.

💡 5 Star Vocabulary

사다 buy	가져오다 bring	오다 come
마시다 drink	만나다 meet	놀다 play
보다 see	공부하다 study	가져가다 take

Check Up

A 주어진 한글을 보고, 맞는 표현에 체크하세요.

1 사길 원한다
- buy want
- want to buy

2 가져가길 원한다
- take want
- want to take

3 오길 원한다
- come to want
- want to come

4 마시고 싶다
- drink to want
- want to drink

5 만나고 싶다
- want to meet
- want meet to

6 보는 것을 좋아한다
- like to see
- see like

7 노는 것을 좋아한다
- like to play
- play like to

8 공부하길 안 좋아한다
- don't like to study
- like not to study

9 안 가져가고 싶다
- don't want to take
- want not to take

10 안 하고 싶었다
- don't want to do
- didn't want to do

B 주어진 한글을 보고, 맞는 문장에 체크하세요.

1 난 너와 놀기를 원한다.
- I want to play with you.
- I you play to want.

2 톰은 피자를 먹고 싶다.
- Tom want eats pizza.
- Tom wants to eat pizza.

3 그들은 그것을 가져가고 싶지 않다.
- They don't want to take it.
- They want to not take it.

4 우리는 공부하는 것을 안 좋아한다.
- We don't like to study.
- We like not to study.

5 난 그녀를 만나고 싶다.
- I meet to want her.
- I want to meet her.

6 그는 여기에 오길 원한다.
- He wants to come here.
- He wants to comes here.

Listen Up

A 잘 듣고, 빈칸을 채운 후, 소리 내어 읽어 보세요.

1

She _____ _____ study English.

✔️)) 2)) 3)) 4)) 5))

2

I _____ _____ buy the sunglasses.

1)) 2)) 3)) 4)) 5))

3

They like _____ _____ juice.

1)) 2)) 3)) 4)) 5))

4

I want _____ _____ this stuffed animal.

1)) 2)) 3)) 4)) 5))

5

I don't want _____ _____ with you.

1)) 2)) 3)) 4)) 5))

6

My friend _____ to _____ you.

1)) 2)) 3)) 4)) 5))

Vocabulary

선글라스 sunglasses   주스 juice   봉제인형 stuffed animal

Speak Up

A 잘 듣고 3초 안에 영어로 말해 보세요. 그러고 난 후 문장을 써 보세요.

1 난 여기 오고 싶어. ➡ _____

2 그는 날 보고 싶어해. ➡ _____

3 우리는 과학 공부를 안 좋아해. ➡ _____

4 에밀리는 소시지를 먹고 싶어해. ➡ _____

5 난 네 친구를 만나고 싶어. ➡ _____

6 우리는 그 교실을 보여주고 싶어. ➡ _____

7 그들은 저 곳에 안 가고 싶어해. ➡ _____

8 그녀는 친구와 운동하는 걸 좋아해. ➡ _____

9 그들은 함께 노는 걸 좋아해. ➡ _____

10 난 이 피자를 너와 나누고 싶어. ➡ _____

11 그는 매일 일기 쓰는 걸 좋아해. ➡ _____

12 그는 계산기를 사용하는 걸 안 좋아해. ➡ _____

Vocabulary

공부하다 study	보여주다 show	함께 together	계산기 calculator
과학 science	운동하다 exercise	나누다 share	
소시지 sausage	놀다 hang out	일기 쓰다 keep a diary	

Unit 29 난 웃기 시작했다

⭐ to부정사로 말하기

to부정사는 문장에서 목적어로 쓰이고, 목적어로 쓰일 때 자주 함께 쓰는 동사들이 있어요.

to부정사와 함께 쓰이는 동사		예시
want	begin	I want to drink water. 난 물을 마시고 싶다.
need	start	I needed to drink water. 난 물을 마실 필요가 있었다.
hope	continue	I like to play soccer. 난 축구 하는 것을 좋아한다.
plan	like	I began to play soccer. 난 축구 하는 것을 시작했다.

💬 이시원 선생님표 영어 구구단

to부정사 말하기			
원하다	want	만나길 원한다	want to meet
필요하다	need	만날 필요가 있다	need to meet
바라다	hope	만나길 바라다	hope to meet
계획하다	plan	만나길 계획하다	plan to meet
시작하다	begin	만드는 것을 시작하다	begin to make
시작하다	start	만드는 것을 시작하다	start to make
계속하다	continue	만드는 것을 계속하다	continue to make
좋아하다	like	만드는 것을 좋아하다	like to make

💡 Today's Tip

to부정사는 동사 앞에 to를 붙여서 문장 내에서 명사의 역할을 할 수 있어요. 명사를 목적어로 쓸 때에는 to를 붙일 필요가 없어요.

- 나는 우유를 원한다. I want milk. (O) I want to milk. (X)
- 나는 우유를 마시길 원한다. I want to drink milk. (O)

💡 5 Star Vocabulary

시작하다 begin	짓다 build	계속하다 continue
마시다 drink	바라다 hope	웃다 laugh
좋아하다 like	만들다 make	만나다 meet
필요하다 need	놀다, 경기하다 play	읽다 read
시작하다 start	공부하다 study	원하다 want

Check Up

A 주어진 한글을 보고, 맞는 표현에 체크하세요.

1 마시고 싶다
- drink want
- want to drink

2 되고 싶다
- want to be
- want being

3 짓고 싶다
- like build
- like to build

4 웃기 시작했다
- started to laugh
- starting laugh

5 울기 시작했다
- begins to cry
- began to cry

6 계속 본다
- continue see
- continue to see

7 안 하고 싶다
- don't like to do
- not do like

8 안 갈 계획이다
- don't plan to go
- don't go plan

9 만들길 바란다
- hopes to make
- makes to hope

10 바빠질 필요가 있다
- need to busy
- need to be busy

B 주어진 한글을 보고, 맞는 문장에 체크하세요.

1 난 과학자가 되고 싶다.
- I want to be a scientist.
- I want am a scientist.

2 그는 먼저 웃기 시작했다.
- He begins laughing first.
- He began to laugh first.

3 그녀는 그를 만나길 바란다.
- She hoped meeting him.
- She hopes to meet him.

4 우리는 수학을 계속 공부할 것이다.
- We will continue to study math.
- We will study math continue.

5 존은 책을 많이 읽을 필요가 있다.
- John needs to reading many books.
- John needs to read many books.

6 그 남자는 그 건물을 짓기 시작했다.
- The man started to build the building.
- The man built to start the building.

Listen Up

A 잘 듣고, 빈칸을 채운 후, 소리 내어 읽어 보세요.

1

He began _____ _____.

2

She likes _____ _____.

3

We _____ to _____ you again.

4

I want _____ _____ a house.

5

It _____ _____ rain.

6

They _____ _____ play the game.

Vocabulary

| 다시 again | 집 house | 비가 오다 rain | 게임 game |

Speak Up

A 잘 듣고 3초 안에 영어로 말해 보세요. 그러고 난 후 문장을 써 보세요.

1 난 우주비행사가 되고 싶어. ➡ _____

2 우리는 웃기 시작했어. ➡ _____

3 그녀는 수영하는 걸 좋아했어. ➡ _____

4 우리는 영어를 계속 공부할 거야. ➡ _____

5 내 친구는 휴식이 필요해. ➡ _____

6 그들은 여기 있기를 바래. ➡ _____

7 난 집에 갈 계획이야. ➡ _____

8 그는 그 로봇을 만들기 시작했어. ➡ _____

9 내 남동생은 책을 읽을 필요가 있어. ➡ _____

10 그는 그림을 그리는 걸 시작했어. ➡ _____

11 그는 아파트를 짓기로 결정했어. ➡ _____

12 우리 엄마는 사무실에서 계속 일하셨어. ➡ _____

Vocabulary

우주비행사 astronaut	머무르다 stay	그림 picture	일하다 work
수영하다 swim	로봇 robot	결정하다 decide	사무실 office
휴식을 취하다 relax	그리다 draw	아파트 apartment	

Unit 30 난 공부하러 여기 왔다

⭐ to부정사로 말하기

to부정사는 문장에서 부사의 역할을 할 수 있고, '~하기 위해서, ~하러'라는 의미로 행동의 목적에 대해서 말할 때 사용할 수 있어요.

형태	의미	예시
to + 동사원형	~하기 위해서	I am here to study. 난 공부하기 위해 여기에 있다. We will go there to meet him. 우리는 그를 만나기 위해 거기에 갈 것이다. They came here to see a movie. 그들은 영화 보러 여기에 왔다.

💬 이시원 선생님표 영어 구구단

to부정사 말하기			
공부하다	study	공부하기 위해, 공부하러	to study
만나다	meet	만나기 위해, 만나러	to meet
사다	buy	사기 위해, 사러	to buy
보다	see	보기 위해, 보러	to see

💡 Today's Tip

'가다, 오다'의 의미를 가진 go, come 대신 be동사를 사용해 바꿔 쓸 수 있어요.
be here은 '여기에 있다'라는 뜻이지만, '여기에 왔다'라는 came here로 바꿀 수 있고, be there은 '저기에 있다'라는 뜻이지만, '저기에 갔다'라는 went there로 바꿔서 사용할 수 있어요.

• 나는 널 만나러 여기에 왔다. I was here to meet you.
• 우리는 널 돕기 위해 거기에 갈 것이다. We will be there to help you.

5 Star Vocabulary

사다 buy	만들다 make	주문하다 order
보다 see	책 book	버거 burger
의사 doctor	세제 detergent	영화 movie
양파 onion	바지 pants	셔츠 shirt

Check Up

A 주어진 한글을 보고, 맞는 표현에 체크하세요.

1 보러 왔다
- came to see
- will come to see

2 만나러 간다
- went to meet
- goes to meet

3 주문하러 갈 것이다
- will go to order
- goes to order

4 놀러 온다
- comes to play
- came to play

5 사러 갔다
- went to buy
- go to buy

6 만들기 위해 샀다
- made to buy
- bought to make

7 확인하기 위해 쓴다
- write to check
- check to write

8 여기에 놀러 온다
- is here to play
- was here to play

9 보러 거기에 갔다
- is there to see
- was there to see

10 만나러 여기에 왔다
- was here to meet
- be here to meet

B 주어진 한글을 보고, 맞는 문장에 체크하세요.

1 토미는 영화를 보러 여기에 왔다.
- Tommy saw a movie coming.
- Tommy came here to see a movie.

2 난 진료받으러 여기에 왔다.
- I was here to see a doctor.
- I was here see a doctor.

3 우리는 버거를 만들기 위해 양파를 샀다.
- We bought onions to make burgers.
- We made burgers to buy onions.

4 그는 생선을 먹으러 부산에 갈 것이다.
- He will go eating to Busan.
- He will go to Busan to eat fish.

5 난 주문하려고 여기에 서 있다.
- I am standing in line to order.
- I stood in line to order.

6 너는 그를 만나기 위해 여기에 왔니?
- Are you here to meet him?
- Are you meeting him here?

A 잘 듣고, 빈칸을 채운 후, 소리 내어 읽어 보세요.

1

We went to the restaurant _____
_____ burgers.

1 🔊 2 🔊 3 🔊 4 🔊 5 🔊

2

I was here _____ _____ books.

1 🔊 2 🔊 3 🔊 4 🔊 5 🔊

3

She was here _____ _____
a doctor.

1 🔊 2 🔊 3 🔊 4 🔊 5 🔊

4

He went to the shopping mall _____
_____ a shirt.

1 🔊 2 🔊 3 🔊 4 🔊 5 🔊

5

We were there _____ _____
a movie.

1 🔊 2 🔊 3 🔊 4 🔊 5 🔊

6

She makes her pants _____ _____.

1 🔊 2 🔊 3 🔊 4 🔊 5 🔊

🔑 **Vocabulary**

식당 restaurant   쇼핑몰 shopping mall   입다 wear

Speak Up

A 잘 듣고 3초 안에 영어로 말해 보세요. 그러고 난 후 문장을 써 보세요.

1 난 엄마를 보러 여기 왔어. ➡ _____

2 그는 주문하려고 저기에 갔어. ➡ _____

3 그녀는 그것을 찾으러 학교에 갔어. ➡ _____

4 내 친구는 진료받으러 여기에 왔어. ➡ _____

5 우리는 자려고 여기에 왔어. ➡ _____

6 난 걸으려고 공원에 갔어. ➡ _____

7 그는 집중하려고 도서관에 갔어. ➡ _____

8 우리는 춤을 추러 저기에 갔어. ➡ _____

9 그는 공을 잡기 위해 달렸어. ➡ _____

10 난 종이를 자르기 위해 가위를 가져왔어. ➡ _____

11 난 그 나무에 닿으려고 뛰었어. ➡ _____

12 그녀는 그 일을 끝내기 위해 노력했어. ➡ _____

Vocabulary

찾다 find	집중하다 concentrate	잡다 catch	종이 paper
자다 sleep	춤추다 dance	가위 scissors	닿다 reach
걷다 walk	달리다 run	자르다 cut	노력하다 try

Unit 31 거기에 누가 있니?

⭐ 의문사 who가 주어로 쓰일 때 말하기

누가, 무엇을, 언제, 어떻게 했는지 궁금한 것을 물어볼 때 **의문사**를 사용해요.
who는 어떤 행동을 할 사람이 **누구인지** 물어보고 싶을 때 사용할 수 있는 의문사예요.

동사의 종류	시제	예시
be동사	현재	Who is there? 누가 거기에 있니?
	과거	Who was here? 누가 여기 있었니?
	미래	Who will be at school? 누가 학교에 있을 거니?
일반동사	현재	Who likes ice cream? 누가 아이스크림을 좋아하니?
	과거	Who ate pizza? 누가 피자를 먹었니?
	미래	Who will do it? 누가 그걸 할 거니?
조동사 can	현재	Who can swim? 누가 수영할 수 있니?

* who와 what이 주어로 쓰일 때에는 모두 3인칭 단수 주어로 생각할 수 있어요.

💬 이시원 선생님표 영어 구구단

의문사 who로 말하기				
~에 있다	be	He was here.	➡	Who was here?
좋아하다	like	She likes this.	➡	Who likes this?
가져오다	bring	They brought this.	➡	Who brought this?
하다	do	Tom did this.	➡	Who did this?
할 수 있다	can do	My mom can do this.	➡	Who can do this?

💡 Today's Tip

의문사 who는 어떤 행동을 하는 사람이 누구인지 물어보고 싶을 때 사용하고, 의문사 what은 사물, 행동 등에 대해 물어보고 싶을 때 사용할 수 있어요.

• 이 사람은 누구니? Who is this?   • 저것은 무엇이니? What is that?

5 Star Vocabulary

대답하다 answer	가져오다 bring	오다 come
하다 do	먹다 eat	알다 know
좋아하다 like	살다 live	색깔 color
질문 question	내일 tomorrow	어제 yesterday

Check Up

A 주어진 한글을 보고, 맞는 문장에 체크하세요.

1 누가 나를 아니?
   - ○ Who know me?
   - ○ Who knows me?

2 누가 여기 사니?
   - ○ Who live here?
   - ○ Who lives here?

3 누가 이걸 했니?
   - ○ Who did this?
   - ○ Who does this?

4 내일 누가 거기에 갈 거니?
   - ○ Who will go there tomorrow?
   - ○ Who went there yesterday?

5 누가 이 수영장에 있었니?
   - ○ Who will be in this swimming pool?
   - ○ Who was in this swimming pool?

6 누가 그 질문에 대답할 수 있니?
   - ○ Who can answer the questions?
   - ○ Who will answer the questions?

7 무엇이 널 행복하게 만드니?
   - ○ What are you making happy?
   - ○ What makes you happy?

8 누가 이 주스를 가져왔니?
   - ○ Who brings this juice?
   - ○ Who brought this juice?

9 누가 어젯밤 집에 있었니?
   - ○ Who was at home last night?
   - ○ Who is at home today?

10 누가 테이블 위의 빵을 먹었니?
   - ○ Who eats the bread on the table?
   - ○ Who ate the bread on the table?

11 누가 지난 주말에 여기 왔니?
   - ○ Who came here last weekend?
   - ○ Who will come here next week?

12 누가 다음 주에 그를 방문하니?
   - ○ Who will visit him next week?
   - ○ Who visited him last week?

A 잘 듣고, 빈칸을 채운 후, 소리 내어 읽어 보세요.

1

_____ lives there?

2

_____ _____ come to the concert tomorrow?

3

_____ is this?

4

_____ did this?

5

_____ _____ this salad?

6

_____ knows the answer?

Vocabulary

콘서트 concert	샐러드 salad

Speak Up

A 잘 듣고 3초 안에 영어로 말해 보세요. 그러고 난 후 문장을 써 보세요.

1 누가 여기 왔어? ➡ _____

2 누가 저걸 했어? ➡ _____

3 무엇이 널 슬프게 만들어? ➡ _____

4 내일 누가 여기에 올 거야? ➡ _____

5 누가 이 라디오 갖고 왔어? ➡ _____

6 누가 이 파인애플 먹었어? ➡ _____

7 누가 이 트럭 찾았어? ➡ _____

8 누가 그 공 찼어? ➡ _____

9 누가 이 카메라 필요해? ➡ _____

10 누가 이 기계 고쳤어? ➡ _____

11 누가 이 스웨터 만들었어? ➡ _____

12 누가 내년에 여기 올 거야? ➡ _____

Vocabulary

슬픈 sad	트럭 truck	필요하다 need	기계 machine
라디오 radio	찾다 find	카메라 camera	만들다 make
파인애플 pineapple	차다 kick	고치다 fix	스웨터 sweater

Unit 32 넌 뭘 좋아하니?

⭐ 의문사의 종류와 의미

who	누구	사람	where	어디	장소
what	무엇	사물	when	언제	시간
which	어느 것	사물	why	왜	이유

⭐ 의문사가 있는 의문문

be동사 의문문: 의문사 + be동사 + 주어 ~?		
Who	Who is she? 그녀는 누구니?	My mother.
Which	Which is yours? 어떤 게 너의 것이니?	The yellow one.
Where	Where was the ball? 그 공은 어디에 있었니?	In the box.
Why	Why was he upset? 그는 왜 속상해 했니?	Because he lost his wallet.
일반동사 의문문: 의문사 + do/does/did + 주어 + 동사원형 ~?		
What	What do you want? 넌 뭘 원하니?	I want ice cream.
Which	Which bus do you take? 어떤 버스를 타니?	I take a yellow bus.
Where	Where did she go? 그녀는 어디에 갔었니?	She went to the park.
When	When will he come? 그는 언제 올 거니?	He will come tomorrow.

💬 이시원 선생님표 영어 구구단

의문사 의문문 말하기		
의문사	be동사 의문문	일반동사 의문문
Who	Who is he?	Who do you like?
What	What is it?	What do you like?
Which	Which is it?	Which do you like?
Where	Where is it?	Where did he go?
When	When is it?	When did he go?

💡 5 Star Vocabulary

내리다 get off
아침식사로 for breakfast

쇼핑하러 가다 go shopping
점심식사로 for lunch

연습하다 practice
저녁식사로 for dinner

Check Up

A 주어진 한글을 보고, 맞는 문장에 체크하세요.

1 그들은 저녁으로 뭘 먹었니?
- What did they eat for dinner?
- Where did they eat dinner?

2 넌 언제 쇼핑을 하러 갈 거니?
- Where will you go shopping?
- When will you go shopping?

3 그녀는 어디에서 내렸니?
- Which did she get off?
- Where did she get off?

4 넌 어떤 펜을 원하니?
- Which pen do you want?
- Whose pen do you want?

5 그녀는 누구를 좋아하니?
- Who does she like?
- What does she like?

6 그게 뭐였어?
- When was that?
- What was that?

7 우리는 어디에서 공을 차니?
- Where do we kick balls?
- When do we kick balls?

8 그들은 언제 축구를 연습할 거니?
- When will they practice soccer?
- Where will they practice soccer?

9 넌 아침 식사로 뭘 먹니?
- Where do you have breakfast?
- What do you have for breakfast?

10 너의 아버지는 왜 화가 나셨니?
- Why is your father angry?
- Who is your father?

11 문 근처의 남자는 누구니?
- Where is the man?
- Who is the man near the door?

12 넌 피자, 파스타 중 어떤 것을 주문할 거니?
- Which will you order, pasta or pizza?
- When do you order, pasta or pizza?

Listen Up

A 잘 듣고, 빈칸을 채운 후, 소리 내어 읽어 보세요.

1

_____ _____ they practice here?

✔🔊 2🔊 3🔊 4🔊 5🔊

2

_____ _____ you order for dinner?

1🔊 2🔊 3🔊 4🔊 5🔊

3

_____ _____ we go shopping?

1🔊 2🔊 3🔊 4🔊 5🔊

4

_____ _____ you kick balls?

1🔊 2🔊 3🔊 4🔊 5🔊

5

_____ _____ we get off the bus?

1🔊 2🔊 3🔊 4🔊 5🔊

6

_____ _____ he have for breakfast?

1🔊 2🔊 3🔊 4🔊 5🔊

 **Vocabulary**

주문하다 order	차다 kick	버스 bus

Speak Up

A 잘 듣고 3초 안에 영어로 말해 보세요. 그러고 난 후 문장을 써 보세요.

1 넌 점심으로 뭘 먹어? ➡ _____

2 그들은 어떤 색을 원해? ➡ _____

3 너의 아버지가 누구셔? ➡ _____

4 그는 누구를 좋아해? ➡ _____

5 그녀는 언제 일 했어? ➡ _____

6 넌 어떤 동물을 좋아해? ➡ _____

7 어떤 깃발이 우리 것이야? ➡ _____

8 그는 왜 은행에 갔어? ➡ _____

9 우리는 어디에서 공연해? ➡ _____

10 그녀는 왜 사과했어? ➡ _____

11 부엌 근처에 여자는 누구니? ➡ _____

12 넌 언제 우체국에 갈 거야? ➡ _____

Vocabulary

색 color	은행 bank	부엌 kitchen
동물 animal	공연하다 perform	우체국 post office
깃발 flag	사과하다 apologize	

Unit 33 영화를 보기 위해서

☆ 목적, 수단 말하기 연습 – to부정사

행동의 목적, 수단 등에 대해서 말할 때 to부정사(~하기 위해서)를 사용할 수 있어요.

형태	의미	예시
to + 동사원형	~하기 위해서	I went to Busan to study. 난 공부하기 위해 부산에 갔다. They came here to see a movie. 그들은 영화 보러 여기에 왔다.

☆ 목적, 수단 말하기 연습 – 전치사 for

행동의 목적, 수단 등에 대해서 말하는 또 다른 방법으로는 for + 명사(~을 위해서, ~을 위한 것)를 사용해요.

형태	의미	예시
for + 대명사 for + 명사	~을 위해서 ~을 위한 것	This is for you. 이것은 너를 위한 것이다. This is for kids. 이것은 어린이용이다.

💬 이시원 선생님표 영어 구구단

목적, 수단을 나타내는 표현					
보기 위해서	to see	나를 위해	for me	여성용	for ladies
만나기 위해서	to meet	너를 위해	for you	남성용	for men
사기 위해서	to buy	그를 위해	for him	어린이용	for kids
찾기 위해서	to find	그들을 위해	for them	어린이용	for children

Tip Today's Tip

'~라고 했어', '~라고 그랬어'는 '(누가)~라고 말했어'와 같은 표현으로 우리말을 풀어서 표현하듯 말해야 해요.

• 내 친구가 이게 어렵다고 그래. My friend says this is difficult.

5 Star Vocabulary

아이들 kids
여성들 women
저녁 dinner

숙녀들 ladies
아침 breakfast

남성들 men
점심 lunch

Check Up

A 주어진 한글을 보고, 맞는 표현에 체크하세요.

1 보러 왔다
- here to see
- went to see

6 그녀를 위한 것이다
- is for her
- is to her

2 만나러 왔다
- there to meet
- here to meet

7 우리를 위한 것이다
- is for us
- is to us

3 영어 공부하기 위해
- to study English
- study English

8 여성을 위한 것이다
- is with women
- is for women

4 열쇠를 찾기 위해
- found a key
- to find a key

9 남자를 위한 것이다
- is with men
- is for men

5 신발을 사기 위해
- to buy shoes
- bought shoes

10 엄마를 위한 것이다
- is with my mom
- is for my mom

B 주어진 한글을 보고, 맞는 문장에 체크하세요.

1 난 장난감을 사러 여기에 왔다.
- I am here to buy a toy.
- I went there to buy a toy.

2 우리는 진료를 받으러 갔다.
- We went to see a doctor.
- We went for see a doctor.

3 그 시리얼은 아침식사용이다.
- The cereal is on breakfast.
- The cereal is for breakfast.

4 그 자전거는 너를 위한 것이었다.
- The bike was for you.
- The bike was with you.

5 이 영화는 어린이용이 아니다.
- This movie is not to kids.
- This movie is not for kids.

6 이것은 여성용이고 저것은 남성용이다.
- This is for women and that is for men.
- This is to women and that is with men.

A 잘 듣고, 빈칸을 채운 후, 소리 내어 읽어 보세요.

1

I am here _____ see my kids.

✔🔊   2🔊   3🔊   4🔊   5🔊

2

This lunch box is _____ my lunch.

1🔊   2🔊   3🔊   4🔊   5🔊

3

This razor is _____ men.

1🔊   2🔊   3🔊   4🔊   5🔊

4

We went there _____ have dinner.

1🔊   2🔊   3🔊   4🔊   5🔊

5

This restroom is _____ ladies.

1🔊   2🔊   3🔊   4🔊   5🔊

6

These shoes are _____ women.

1🔊   2🔊   3🔊   4🔊   5🔊

Vocabulary

도시락 lunch box   면도기 razor   화장실 restroom

Speak Up

A 잘 듣고 3초 안에 영어로 말해 보세요. 그러고 난 후 문장을 써 보세요.

1 이 램프는 널 위한 거야. ➡ _____

2 난 샐러드를 먹으러 여기 왔어. ➡ _____

3 이 영화는 아이들을 위한 거야. ➡ _____

4 그는 널 돕기 위해 거기에 갔어. ➡ _____

5 난 널 위해 줄넘기를 빌렸어. ➡ _____

6 내 친구는 나랑 놀려고 여기 왔어. ➡ _____

7 이 의자들은 손님들을 위한 거야. ➡ _____

8 우리는 여행하기 위해 프랑스에 갔어. ➡ _____

9 그는 그의 엄마를 위해 스카프를 만들었어. ➡ _____

10 우리는 우리의 선생님을 만나기 위해 거기 갔어. ➡ _____

11 그들은 배터리를 교체하러 여기 왔어. ➡ _____

12 이 축구공은 게임을 위한 거야. ➡ _____

Vocabulary

램프 lamp	의자 chair	스카프 scarf	배터리 battery
샐러드 salad	손님 guest	만나다 meet	축구공 soccer ball
줄넘기 jump rope	여행하다 travel	교체하다 change	

Unit 34 그녀가 시간이 있다고

⭐ 명사절을 이끄는 that으로 말하기

특정한 사실을 나타내는 that은 that 뒤에 주어와 동사가 와서 '(누가) ~한다고, ~라고' 라는 의미로 사용할 수 있어요.

형태	의미	예시
that + 주어 + 동사	~한다고 ~라고	that this is easy 이것은 쉽다고 that I am handsome 난 잘생겼다고 that I go 난 간다고 that I like 난 좋아한다고

⭐ 명사절 that을 목적어로 취하는 동사

say, think, know 등은 that절을 목적어로 취하는 대표적인 동사예요.

형태	의미	예시
say that 주어 + 동사	~라고 말해 ~라고 그래	They say that this is easy. 그들은 이것이 쉽다고 말한다.
think that 주어 + 동사	~라고 생각해 ~인 것 같아	They think that I am handsome. 그들은 내가 잘생겼다고 생각한다.

💬 이시원 선생님표 영어 구구단

명사절 that으로 말하기			
내가 간다고	that I go	그가 온다고	that he comes
내가 산다고	that I buy	그가 원한다고	that he wants
내가 좋아한다고	that I like	그가 만든다고	that he makes

💡 Today's Tip

일반동사의 명령문은 '동사원형'을 그대로 사용하면 돼요. 일반동사의 부정명령문은 동사원형 앞에 don't를 붙여서 'Don't + 동사원형'의 형태로 말할 수 있어요.

• 우리가 이걸 원한다고 생각하지 마. **Don't think that we want this.**

💡 5 Star Vocabulary

차가운 cold	쉬운 easy	잘생긴 handsome
어려운 hard	아이스크림 ice cream	봄 spring

Check Up

A 주어진 한글을 보고, 맞는 표현에 체크하세요.

1 그녀가 온다고
- that comes her
- that she comes

2 우리가 원한다고
- that we want
- that wants this

3 그가 좋아한다고
- that likes him
- that he likes

4 그것이 차갑다고
- that it is cold
- that is cold

5 내가 예쁘다고
- that I am pretty
- that to be pretty

6 이게 어렵다고
- that this is hard
- that is hard

7 그는 시간이 있다고
- he has time that
- that he has time

8 난 이걸 좋아한다고
- that I like this
- that this is me

9 그들이 친절하다고
- they to be kind
- that they're kind

10 그녀는 키가 크다고
- that to be tall
- that she is tall

B 주어진 한글을 보고, 맞는 문장에 체크하세요.

1 난 그녀가 시간이 있다고 생각한다.
- I think that she has time.
- She thinks that she has time.

2 내 친구는 이게 쉽다고 말한다.
- My friend says that this is easy.
- This is easy that my friend says.

3 그들은 아이스크림을 안 좋아한다고 말한다.
- I say that they don't like ice cream.
- They say that they don't like ice cream.

4 그는 돈이 많다고 말한다.
- He has a lot of money.
- He says that he has a lot of money.

5 봄이 오는 것 같다.
- That spring comes.
- I think that spring comes.

6 우리가 이걸 원한다고 생각하지 마.
- Don't think that we want this.
- I don't think that we want this.

Listen Up

A 잘 듣고, 빈칸을 채운 후, 소리 내어 읽어 보세요.

1 She _____ _____ this is hard.

🔊 ②🔊 ③🔊 ④🔊 ⑤🔊

2 I _____ _____ he is handsome.

①🔊 ②🔊 ③🔊 ④🔊 ⑤🔊

3 My dad _____ _____ this is easy.

①🔊 ②🔊 ③🔊 ④🔊 ⑤🔊

4 We think _____ spring _____.

①🔊 ②🔊 ③🔊 ④🔊 ⑤🔊

5 I _____ _____ this ice cream is cold.

①🔊 ②🔊 ③🔊 ④🔊 ⑤🔊

6 They say _____ they _____ a lot of money.

①🔊 ②🔊 ③🔊 ④🔊 ⑤🔊

Vocabulary

오다 come	많은 a lot of	돈 money

Speak Up

A 잘 듣고 3초 안에 영어로 말해 보세요. 그러고 난 후 문장을 써 보세요.

1 난 우리가 시간이 있다고 생각해. ➡ _____

2 난 가을이 오는 것 같아. ➡ _____

3 그는 이걸 원한다고 말해. ➡ _____

4 그녀는 많은 카디건들을 갖고 있다고 말해. ➡ _____

5 난 시간이 더 필요하다고 생각해. ➡ _____

6 그녀는 여기 산다고 말해. ➡ _____

7 네가 늦는다고 말하지 마. ➡ _____

8 그들은 네가 하키를 좋아한다고 말해. ➡ _____

9 내가 너랑 간다고 생각하지 마. ➡ _____

10 우리는 그가 닭을 요리한다고 생각해. ➡ _____

11 그들은 그가 일찍 도착할 거라고 생각해. ➡ _____

12 내가 널 무시한다고 말하지 마. ➡ _____

Vocabulary

가을 autumn	살다 live	요리하다 cook	일찍 early
많은 a lot of	늦은 late	닭 chicken	무시하다 ignore
카디건 cardigan	하키 hockey	도착하다 arrive	

Unit 35 난 공부하는 중이다

⭐ 현재진행형으로 말하기

지금 당장 일어나고 있는 일에 대해서 말할 때 현재진행형을 사용해요.

형태	의미	예시
be동사 + ing	~하는 중이다 ~하고 있다	I am studying. 나는 공부하는 중이다. She is studying. 그녀는 공부하는 중이다. They are studying. 그들은 공부하는 중이다.

⭐ -ing 형태 만들기

일반동사의 -ing 형태변화		
대부분의 동사	e로 끝난 동사	단모음 + 단자음
+ -ing	e 빼고 + -ing	단자음 한 번 더 쓰고 + -ing
clean - cleaning drink - drinking eat - eating wear - wearing	come - coming drive - driving make - making take - taking	sit - sitting run - running swim - swimming put - putting

💬 이시원 선생님표 영어 구구단

단순현재와 현재진행형			
나는 간다	I go	나는 가는 중이다	I am going
그는 간다	He goes	그는 가는 중이다	He is going
우리는 간다	We go	우리는 가는 중이다	We are going

💡 Today's Tip

wear은 기본적으로 '입다'라는 의미이지만, 우리말에서는 '(신발을) 신다, (모자를) 쓰다, (시계 등을) 차다, (반지 등을) 끼다'라는 의미로 해석할 수 있어요.

- 나는 청바지를 입고 있어. I am wearing blue jeans.
- 그는 좋은 시계를 차고 있어. He is wearing a nice watch.

💡 5 Star Vocabulary

마시다 drink	만들다 make	입다 put on
앉다 sit down	공부하다 study	입다 wear
일하다 work		

Check Up

A 주어진 한글을 보고, 맞는 표현에 체크하세요.

1 입고 있다
- be wear
- be wearing

2 앉아 있다
- be sitting
- be sits

3 운전하고 있다
- be driving
- be driveing

4 오고 있다
- be comes
- be coming

5 뛰고 있다
- be runing
- be running

6 일하는 중이다
- is working
- is workking

7 만드는 중이다
- are making
- are makeing

8 바르고 있는 중이다
- am puting on
- am putting on

9 청소하는 중이다
- are clean
- are cleaning

10 마시는 중이다
- is drinking
- is drinks

B 주어진 한글을 보고, 맞는 문장에 체크하세요.

1 우리는 딸기 주스를 마시고 있다.
- We drink strawberry juice.
- We are drinking strawberry juice.

2 그들은 매일 그 방을 청소한다.
- They clean the room every day.
- They are clean the room every day.

3 그녀는 지금 햄버거를 먹고 있다.
- She is eating a hamburger now.
- She is eats a hamburger now.

4 그는 지금 로봇을 만드는 중이다.
- He makes a robot now.
- He is making a robot now.

5 우리 아빠는 매일 일하신다.
- My dad works every day.
- My dad is work every day.

6 내 언니는 빨간색 원피스를 입고 있다.
- My sister wears a red dress.
- My sister is wearing a red dress.

A 잘 듣고, 빈칸을 채운 후, 소리 내어 읽어 보세요.

1
I _____ _____ soda.

☑)) 2)) 3)) 4)) 5))

2
We _____ uniforms.

1)) 2)) 3)) 4)) 5))

3
He _____ _____ down on the sofa.

1)) 2)) 3)) 4)) 5))

4
She_____ _____ in the office.

1)) 2)) 3)) 4)) 5))

5
I _____ _____ a cake.

1)) 2)) 3)) 4)) 5))

6
They _____ _____ together.

1)) 2)) 3)) 4)) 5))

Vocabulary

탄산음료 soda	소파 sofa	케이크 cake
유니폼 uniform	사무실 office	함께 together

Speak Up

A 잘 듣고 3초 안에 영어로 말해 보세요. 그러고 난 후 문장을 써 보세요.

1 그녀는 지금 일하고 있어. ➡ _____

2 그들은 간식을 먹고 있어. ➡ _____

3 그는 차를 마시고 있어. ➡ _____

4 내 언니는 리본을 만들고 있어. ➡ _____

5 나는 내 방에서 쉬는 중이야. ➡ _____

6 그는 친구와 이야기 중이야. ➡ _____

7 나는 그녀에게 말하는 중이야. ➡ _____

8 그녀는 지금 그림을 그리고 있어. ➡ _____

9 우리 엄마는 지금 그 방을 치우시는 중이야. ➡ _____

10 그는 그녀에게 메시지를 보내는 중이야. ➡ _____

11 그들은 무대 위에서 춤을 추고 있어. ➡ _____

12 우리 아빠는 역사를 가르치고 있어. ➡ _____

Vocabulary

지금 now	리본 ribbon	그리다 draw	메시지 message
간식 snack	쉬다 relax	그림 picture	무대 stage
차 tea	이야기하다 chat	보내다 send	가르치다 teach

Unit 36 난 공부하는 중이 아니다

⭐ 현재진행형의 부정문으로 말하기

현재진행형의 부정문은 be동사 뒤에 not을 붙이면 돼요.

형태	의미	예시
be동사 + not + -ing	~안 하고 있다 ~하지 않는 중이다	I am not studying. 나는 공부 안 하고 있다. He is not studying. 그는 공부 안 하는 중이다. We are not studying. 우리는 공부 안 하는 중이다.

⭐ 현재진행형의 의문문으로 말하기

현재진행형의 의문문은 be동사를 주어 앞으로 보내면 돼요.

형태	의미	예시
be동사 + 주어 + -ing?	~하고 있니? ~하는 중이니?	Are you studying? 너는 공부하는 중이니? Is he studying? 그는 공부하는 중이니? Are they studying? 그들은 공부하는 중이니?

💬 이시원 선생님표 영어 구구단

현재진행형의 부정문과 의문문			
나는 안 가고 있다	I'm not going	너는 가고 있니?	Are you going?
그는 안 가고 있다	He's not going	그는 가고 있니?	Is he going?
그들은 안 가고 있다	They're not going	그들은 가고 있니?	Are they going?

💡 Today's Tip

have가 '가지다, 가지고 있다'의 소유의 의미일 때에는 진행형을 사용할 수 없지만, '먹다, 시간을 보내다'의 의미일 때에는 진행형으로 쓸 수 있어요.

• 나는 야구 방망이를 가지고 있어. I have a bat. (O) I am having a bat. (X)
• 나는 지금 오렌지를 하나 먹고 있어. I am having an orange now. (O)

5 Star Vocabulary

사다 buy	먹다 eat	얻다 get
살다 live	만나다 meet	읽다 read
말하다 say	입다 wear	

Check Up

A 주어진 한글을 보고, 맞는 표현에 체크하세요.

1 입고 있지 않다
　　○ is not wearing
　　○ not is wearing

2 먹고 있지 않다
　　○ not am eating
　　○ am not eating

3 얻고 있지 않다
　　○ don't getting
　　○ are not getting

4 만나고 있지 않다
　　○ don't meeting
　　○ aren't meeting

5 읽고 있지 않다
　　○ doesn't reading
　　○ isn't reading

6 넌 읽고 있니?
　　○ Are you reading?
　　○ Do you reading?

7 그녀는 말하고 있니?
　　○ Is she saying?
　　○ Does she saying?

8 그들은 사고 있니?
　　○ Do they buy?
　　○ Are they buying?

9 그는 만나고 있니?
　　○ Does he meet?
　　○ Is he meeting?

10 너희는 먹고 있니?
　　○ Do you eat?
　　○ Are you eating?

B 주어진 한글을 보고, 맞는 문장에 체크하세요.

1 그는 수학 공부하는 중이 아니다.
　　○ He doesn't study math.
　　○ He is not studying math.

2 그들은 서울에 살지 않는다.
　　○ They don't live in Seoul.
　　○ They aren't live in Seoul.

3 나는 시계를 차고 있지 않다.
　　○ I don't wear a watch.
　　○ I am not wearing a watch.

4 그들은 고기를 먹니?
　　○ Do they eat meat?
　　○ Are they eat meat?

5 그녀는 노란색 부츠를 신고 있니?
　　○ Does she wear the yellow boots?
　　○ Is she wearing the yellow boots?

6 너희들은 요즘 그 이야기를 읽고 있니?
　　○ Do you read the story these days?
　　○ Are you reading the story these days?

A 잘 듣고, 빈칸을 채운 후, 소리 내어 읽어 보세요.

1
_____ he _____ a shirt?

2
I am _____ _____ broccoli.

3
_____ they _____ books now?

4
He _____ not _____ this.

5
_____ you _____ with them?

6
They are _____ _____ anything.

Vocabulary

셔츠 shirt	브로콜리 broccoli	아무것도 anything

Speak Up

A 잘 듣고 3초 안에 영어로 말해 보세요. 그러고 난 후 문장을 써 보세요.

1 그들은 망고를 먹고 있어? ➡ _____

2 그녀는 우비를 입고 있지 않아. ➡ _____

3 넌 수학을 공부하고 있어? ➡ _____

4 난 주스를 마시고 있지 않아. ➡ _____

5 넌 그를 따라가고 있어? ➡ _____

6 우리는 그를 기다리고 있지 않아. ➡ _____

7 그들은 여행가방을 들고 있어? ➡ _____

8 그는 거리를 걷고 있지 않아. ➡ _____

9 그녀는 지하철 표를 확인하고 있어? ➡ _____

10 그들은 그 화면을 보고 있지 않아. ➡ _____

11 그는 그의 계획을 바꾸고 있어? ➡ _____

12 그녀는 전자기기를 팔고 있지 않아. ➡ _____

Vocabulary

망고 mango	기다리다 wait	거리 street	계획 plan
우비 raincoat	들고 있다 carry	지하철 subway	팔다 sell
따라가다 follow	여행가방 suitcase	화면 screen	전자기기 electronic device

Unit 37 뜨겁게 하다

⭐ 5형식과 사역동사 make

문장은 동사에 따라 형식이 달라지고, 그 중 5형식 문장은 make를 동사로 쓸 때가 많아요. '~하게 하다, ~하게 만들다'라는 뜻을 가진 make를 사역동사라고 불러요.

주어	동사	목적어	목적보어	의미
You	make	me	happy.	너는 나를 행복하게 한다.
He	made	us	laugh.	그는 우리를 웃게 만든다.

* 5형식 문장에서 make가 동사로 쓰일 경우 목적보어로 형용사나 원형부정사를 쓸 수 있어요.

⭐ make it & don't make it

형태	의미	예시
make it + 형용사	해 주세요	Make it hot. 뜨겁게 해 주세요.
don't make it + 형용사	하지 마세요	Don't make it hot. 뜨겁게 하지 마세요.

💬 이시원 선생님표 영어 구구단

긍정		부정	
뜨겁게 해 주세요.	Make it hot.	차갑게 하지 마세요.	Don't make it cold.
길게 해 주세요.	Make it long.	짧게 하지 마세요.	Don't make it short.
달게 해 주세요.	Make it sweet.	맵게 하지 마세요.	Don't make it spicy.
하얗게 해 주세요.	Make it white.	까맣게 하지 마세요.	Don't make it black.

🗨 Today's Tip

make it은 기본적으로 '~하게 만들어 주다'라는 의미이지만, '해내다, 성취하다'라는 의미로 더 자주 사용돼요.

- 넌 해 냈어. You made it.
- 우린 해 냈어. We made it.
- 난 못 했어. I didn't make it.
- 넌 됐니? (해 냈니?) Did you make it?

💡 5 Star Vocabulary

큰 big	차가운 cold	뜨거운 hot
긴 long	짠 salty	작은 small
부드러운 smooth	매운 spicy	달콤한 sweet
따뜻한 warm		

Check Up

A 주어진 한글을 보고, 맞는 표현에 체크하세요.

1 따뜻하게 하다
- make it warm
- make it warmly

2 크게 만들다
- big make
- make it big

3 차갑게 만들다
- cold make
- make it cold

4 부드럽게 만들다
- make it smooth
- make it smoothly

5 달게 만들다
- make it sweet
- make it sweetly

6 하얗게 칠하다
- make it white
- it makes white

7 어렵게 하다
- make it hard
- it is making hard

8 작게 하다
- it makes small
- make it small

9 늘리다
- make it long
- make it

10 해내다
- make it
- it makes

B 주어진 한글을 보고, 맞는 문장에 체크하세요.

1 그것을 줄여 주세요.
- Make it short.
- It makes short.

2 이 부분을 부드럽게 해 주세요.
- Please make this part smoothly.
- Please make this part smooth.

3 이 부분을 까맣게 해 주세요.
- Make this part black.
- Make this black paint.

4 그것을 어렵게 만들지 마세요.
- It doesn't make hard.
- Don't make it hard.

5 이 음식을 맵게 하지 마세요.
- Please don't make this food spicy.
- You didn't make the food spicy.

6 그를 화나게 만들지 마세요.
- He doesn't make it angry.
- Don't make him angry, please.

Listen Up

A 잘 듣고, 빈칸을 채운 후, 소리 내어 읽어 보세요.

1

We _____ _____!
✔🔊 2🔊 3🔊 4🔊 5🔊

2
_____ _____ spicy.
1🔊 2🔊 3🔊 4🔊 5🔊

3
_____ _____ it salty.
1🔊 2🔊 3🔊 4🔊 5🔊

4
_____ _____ sweet.
1🔊 2🔊 3🔊 4🔊 5🔊

5
_____ _____ this water hot.
1🔊 2🔊 3🔊 4🔊 5🔊

6
_____ my head and neck warm.
1🔊 2🔊 3🔊 4🔊 5🔊

Vocabulary

물 water	머리 head	목 neck

Speak Up

A 잘 듣고 3초 안에 영어로 말해 보세요. 그러고 난 후 문장을 써 보세요.

1 그것을 달게 해줘. ➡ _____

2 그것을 쉽게 만들지 마. ➡ _____

3 그것을 길게 만들어줘. ➡ _____

4 그것을 포근하게 해줘. ➡ _____

5 그것을 깨끗하게 해줘. ➡ _____

6 넌 나를 슬프게 해. ➡ _____

7 이 신발을 보라색으로 해 주세요. ➡ _____

8 넌 나를 지루하게 해. ➡ _____

9 이 문제를 어렵게 하지 마. ➡ _____

10 그녀는 나를 자랑스럽게 해. ➡ _____

11 이 머리띠를 크게 만들어 주세요. ➡ _____

12 이 양초를 빛나게 하지 마. ➡ _____

Vocabulary

쉬운 easy	슬픈 sad	문제 problem	머리띠 headband
포근한 cozy	보라색 purple	어려운 difficult	양초 candle
깨끗한 clean	지루한 bored	자랑스러운 proud	빛나다 glow

Unit 38 가져와서 줄이다

⓵ 접속사 and, but을 활용한 말하기

접속사는 단어와 단어, 구와 구, 문장과 문장을 연결해줘요. 접속사로 연결할 때에는 "현재 + 현재, 과거 + 과거"와 같이 같은 시제를 써요.

접속사	의미	형태	예시
and	그리고 ~와, ~하고	단어 + 단어 구 + 구 문장 + 문장	I ate apples and bananas. 난 사과와 바나나를 먹었다. I do homework and play soccer. 난 숙제를 하고 축구를 한다. I play the piano and she sings a song. 난 피아노를 치고 그녀는 노래를 부른다.
but	그러나 하지만	단어 + 단어 문장 + 문장	The man is old but strong. 그 남자는 나이가 들었지만 힘이 세다. I like apples, but he doesn't like apples. 나는 사과를 좋아하지만, 그는 사과를 좋아하지 않는다.

💬 이시원 선생님표 영어 구구단

현재		과거	
가져와서 두다	bring it and put it here	가져와서 두었다	brought it and put it here
가져와서 씻다	bring it and wash it	가져와서 씻었다	brought it and washed it
가져와서 읽다	bring it and read it	가져와서 읽었다	brought it and read it

Tip Today's Tip

일상 생활에서의 영어는 우리말과 같이 의문문이 아니라도 평서문의 끝만 올려서 질문하는 경우가 많아요.

- 가져왔어? Brought it?
- 점심 먹었어? Ate lunch?
- 마음에 들어? Like it?
- 마실래? Want to drink it?

5 Star Vocabulary

가져오다 bring	바꾸다 change	얻다 get
돕다 help	두다 leave	필요하다 need
공부하다 study	원하다 want	씻다 wash

Check Up

A 주어진 한글을 보고, 맞는 단어에 체크하세요.

1 의자와 책상
- chairs and desks
- chairs but desks

2 가난하지만 행복한
- poor and happy
- poor but happy

3 가져와서 그것을 바꿨다
- brought it and changed it
- brought it but changed it

4 음악 듣는 것과 바이올린 연주를 좋아하다
- like to listen to music and play the violin
- like to listen to music but play the violin

5 그녀는 수영을 하지만, 스케이트는 못 탄다.
- She can swim and she can skate.
- She can swim, but she can't skate.

6 난 쓰기를 끝냈지만, 그는 못 끝냈어.
- I finished writing and he didn't finish it.
- I finished writing, but he didn't finish it.

B 주어진 한글을 보고, 맞는 문장에 체크하세요.

1 그걸 가져와서 줄여주세요.
- Please bring it and make it small.
- Please bring it but make it small.

2 우리는 그 책을 가져가서 공부할 것이다.
- We will take the book and study it.
- I took the book and studied it.

3 난 신발은 필요하지만, 양말은 필요 없다.
- I need shoes, but I don't need socks.
- I need shoes and I don't need socks.

4 우리는 그걸 가져와서 여기에 두었다.
- We bring it and left it here.
- We brought it and left it here.

5 그들은 그것들을 가져와서 씻었다.
- They bring them and wash them.
- They brought them and washed them.

6 이거 사고 싶어?
- This want to buy?
- Want to buy this?

A 잘 듣고, 빈칸을 채운 후, 소리 내어 읽어 보세요.

1

_____ to change your hair?

🔊 🔊 🔊 🔊 🔊

2

We _____ _____ supported each other.

🔊 🔊 🔊 🔊 🔊

3

I _____ books _____ put them here.

🔊 🔊 🔊 🔊 🔊

4

He _____ his bag, _____ didn't lose it.

🔊 🔊 🔊 🔊 🔊

5

She wanted an ice cream _____ _____ get it.

🔊 🔊 🔊 🔊 🔊

6

They _____ hard _____ finished the project.

🔊 🔊 🔊 🔊 🔊

Vocabulary

머리 hair	아이스크림 ice cream	끝나다 finish
응원하다 support	열심히 hard	프로젝트 project

Speak Up

A 잘 듣고 3초 안에 영어로 말해 보세요. 그러고 난 후 문장을 써 보세요.

1 저녁 먹었어?

➡ _____

2 나는 노력했지만, 해내지 못했어.

➡ _____

3 우리는 그 책을 가져갔지만, 안 읽었어.

➡ _____

4 그는 빗이 필요하지만, 머리끈은 안 필요해.

➡ _____

5 나는 선글라스를 사서 껴봤어.

➡ _____

6 그는 그녀를 좋아하지만, 그녀는 그를 안 좋아해.

➡ _____

7 그녀는 한국어를 말할 수 있지만, 중국어는 할 수 없어.

➡ _____

8 그들은 공원으로 걸어가서 축구를 했어.

➡ _____

Vocabulary

노력하다 try	머리끈 hairband	입다, 끼다 wear	걷다 walk
빗 comb	선글라스 sunglasses	좋아하다 like	축구 soccer

Answer key

Unit 1

Check Up A

1 go
2 met
3 study
4 eat
5 came
6 saw
7 meet
8 studied
9 ate
10 drink

Check Up B

1 I go.
2 I ate.
3 I don't study.
4 I don't drink.
5 I studied.
6 I didn't meet.

Listen Up A

1 drink
2 don't, eat
3 met
4 didn't, study
5 don't, drink
6 went

Speak Up A

1 I eat pizza.
2 I went to school.
3 I saw a movie.
4 I didn't meet Jenny.
5 I always smile.

6 I helped Dad.
7 I don't study history.
8 I didn't drink milk.
9 I don't swim.
10 I don't jump.
11 I didn't walk in the park.
12 I play soccer every day.

Unit 2

Check Up A

1 bring
2 see
3 had
4 like
5 saw
6 have
7 brought
8 meet
9 read [ri:d]
10 liked

Check Up B

1 I met.
2 I didn't see.
3 I don't read.
4 I didn't bring.
5 I didn't study.
6 I have time.

Listen Up A

1 study
2 have
3 don't, read
4 didn't, see

5 don't, like
6 met

Speak Up A

1 I look at the sky.
2 I didn't meet Anna.
3 I had an eraser.
4 I didn't have a pencil.
5 I like fish.
6 I don't study English.
7 I don't drive.
8 I didn't have time.
9 I brought my bag.
10 I don't like rabbits.
11 I met my uncle.
12 I didn't cook.

Unit 3

Check Up A

1 wrote
2 teach
3 found
4 left
5 bring
6 took
7 bring
8 take
9 took
10 leave

Check Up B

1 I write it.
2 I teach English.
3 I didn't take it.

4 I don't bring it.

5 I left it.

6 I found it.

1 write

2 didn't, bring

3 teach

4 found

5 took

6 didn't, get

Speak Up   A

1 I write letters.

2 I don't teach Korean.

3 I found my notebook.

4 I didn't bring my socks.

5 I left my hat.

6 I didn't get this.

7 I teach math.

8 I don't cry.

9 I wrote a book.

10 I didn't find my ruler.

11 I don't skate in the summer.

12 I left my mirror at home.

Unit 4

Check Up   A

1 take it

2 bring it

3 hold it

4 keep it

5 leave it

6 take this

7 bring that

8 keep that

9 put it up

10 leave it down

Check Up   B

1 Bring it.

2 Hold this.

3 Keep that.

4 Leave it down.

5 Take this there.

6 Put this together.

Listen Up   A

1 Hold

2 Put, it

3 Bring

4 Keep, it

5 Leave, it

6 Take

Speak Up   A

1 Don't put it down.

2 Leave it down there.

3 Put that together.

4 Don't take it.

5 Put it up on the table.

6 Keep it in your pocket.

7 Bring my toys.

8 Take the sandwich there.

9 Leave your fork here.

10 Hold this chair.

11 Bring my desk here.

12 Put your glue down.

Unit 5

Check Up   A

1 brought it

2 took it

3 kept it

4 held it

5 left it

6 brought that

7 took this

8 held that

9 left this up

10 put that down

Check Up   B

1 I held this.

2 I kept that.

3 You left it up.

4 I put it together.

5 You brought this here.

6 You left it there.

Listen Up   A

1 put, up

2 left, down

3 brought

4 held

5 kept

6 took

Speak Up   A

1 You kept this.

2 I brought this here.

3 I left it here yesterday.

4 You took it last week.

5 I brought my camera.

6 I held my balloon.

7 I put my pants on the bed.

8 You kept the letters.

9 I left my yo-yo at school.

10 You held a mop then.

11 You moved it there.

12 You wrote this on it.

Unit 6

Check Up A

1 keep it

2 left it

3 give it

4 lost it

5 hold it

6 didn't leave it

7 don't hold it

8 didn't give it

9 don't keep it

10 didn't lose it

Check Up B

1 I didn't hold this.

2 You didn't leave it here.

3 You lost your pen.

4 You didn't give it to me.

5 You left your bag outside.

6 I don't lose my bag.

Listen Up A

1 didn't give

2 lost

3 put, down

4 held

5 didn't leave

6 kept

Speak Up A

1 I lost my wallet.

2 You brought your eraser.

3 I gave you strawberries.

4 You don't keep the books.

5 You didn't wear the swimsuit.

6 You left your necklace at home.

7 I didn't break the plates.

8 I don't put the bottle there.

9 I didn't borrow your pencil.

10 You held your pillow.

11 I don't drink juice every day.

12 You put your scissors down.

Unit 7

Check Up A

1 I

2 your

3 he

4 they

5 her

6 she

7 you

8 my

9 we

10 their

Check Up B

1 You drank water.

2 He ate salad.

3 She didn't take it.

4 We don't study science.

5 You left this cup.

6 They don't like vegetables.

Listen Up A

1 She

2 He

3 They

4 I

5 Your

6 We

Speak Up A

1 She drank coffee.

2 We don't exercise.

3 I didn't take his pencil case.

4 He ate some cake.

5 I love you.

6 He didn't wear sneakers.

7 We found the cat.

8 She called us.

9 You left your jacket.

10 I don't eat onions.

11 We love animals.

12 They play baseball after school.

Unit 8

Check Up A

1 you

2 us

3 him

4 me

5 they

6 we

7 her

8 he

9 them

10 you

Check Up B

1 We love her.
2 You found him.
3 She didn't take us.
4 He brought me here.
5 I left them there.
6 They helped you.

Listen Up A

1 her
2 him
3 us
4 them
5 me
6 me

Speak Up A

1 You like them.
2 He took me there.
3 I saw her.
4 I loved him.
5 You hated them.
6 She brought us.
7 They don't like me.
8 He took her there.
9 You helped me.
10 He invited us.
11 I saw them here.
12 We met her.

Unit 9

Check Up A

1 talk to me
2 talk to you
3 talk to her
4 talk to us

5 talk to them
6 look at him
7 look at you
8 listen to me
9 listen to her
10 listen to us

Check Up B

1 Talk to her.
2 Listen to me.
3 I understood him.
4 He asked you.
5 I got them water.
6 They got us a ride.

Listen Up A

1 her
2 her
3 him
4 us
5 me
6 You

Speak Up A

1 Talk to them.
2 I understood him.
3 Drop us off there.
4 Get me some water.
5 Listen to them.
6 She got him a ride.
7 This subway drops me there.
8 I sent him an email.
9 She bought us tacos.
10 I miss him.
11 I sometimes call her.
12 He speaks to her loudly.

Unit 10

Check Up A

1 Do I know?
2 Do you pick?
3 Do we sit?
4 Do they want?
5 Do you sleep?
6 Do we get off?

Check Up B

1 Do I sleep here?
2 Do we get off here?
3 Do they sit here?
4 Do you go to school every day?
5 Do you want them?
6 Do I pick one of them?

Listen Up A

1 Do, take
2 Do, I
3 Do, get, off
4 Do, I
5 Do, pick
6 Do, want

Speak Up A

1 Do you like turtles?
2 Do they sleep here?
3 Do I get off there?
4 Do they have keys?
5 Do we drink cola?
6 Do you like music?
7 Do they walk to school?
8 Do you remember the movie?
9 Do you live here?

10 Do they play tennis?

11 Do you often go to the library?

12 Do we learn Spanish?

Unit 11

Check Up A

1 Does he go?

2 Does she get off?

3 Does Minji sleep?

4 Does your mom leave?

5 Does she understand?

6 Does your friend take?

Check Up B

1 Does he sleep here?

2 Does she get off there?

3 Does Ben go to the swimming pool?

4 Does your friend understand you?

5 Does Mary come to school?

6 Does she leave her bag here?

Listen Up A

1 Does, leave

2 Does, understand

3 Does, take

4 Does, sleep

5 Does, come

6 Does, go

Speak Up A

1 Does he like sushi?

2 Does she take a basketball?

3 Does he understand her?

4 Does Sally come to the gym?

5 Does your mother drop you off here?

6 Does it have sugar in it?

7 Does she go to bed early?

8 Does Tom climb a mountain?

9 Does your father speak English?

10 Does he often go to the zoo?

11 Does your family love you?

12 Does she live downtown?

Unit 12

Check Up A

1 I don't study

2 They don't work

3 He doesn't ask

4 You don't bring

5 She didn't know

6 They didn't sleep

7 He didn't take

8 I didn't study

9 She didn't ask

10 We don't know

Check Up B

1 We didn't study history.

2 I don't take them.

3 He doesn't work.

4 She didn't bring her camera.

5 They didn't sleep well.

6 Tony doesn't know her.

Listen Up A

1 didn't, study

2 didn't, sleep

3 doesn't, ask

4 didn't, take

5 doesn't, know

6 don't, work

Speak Up A

1 I don't ask questions.

2 They didn't take it.

3 He didn't sleep yesterday.

4 We don't know him.

5 I don't think so.

6 She doesn't read novels.

7 Jenny didn't come to school today.

8 I didn't bring my pajamas.

9 You didn't put a cup on the shelf.

10 John doesn't work on the weekend.

11 My sister didn't pack her bag.

12 They didn't join the club.

Unit 13

Check Up A

1 will see

2 will take

3 will not go

4 will not eat

5 will ask

6 will eat

7 will call

8 will not save

9 will get a call

10 will hang up

Check Up B

1 I will call you.
2 They will save you.
3 He will not take them.
4 She will not talk on the phone.
5 We will hang up the phone.
6 Lisa will ask her teacher questions.

Listen Up A

1 will, ask
2 will, call
3 will, not, talk
4 will, not, get
5 will, save
6 will, not, hang

Speak Up A

1 I will call him.
2 You will not get a call.
3 She will hang up the phone.
4 We will save the dog.
5 I will eat some curry.
6 I will clean my room.
7 He will not buy slippers.
8 Sam will not come here.
9 Your friend will relax here.
10 They will go to the playground.
11 I will read some comic books.
12 We will go practice the piano.

Unit 14

Check Up A

1 Will I drink?
2 Will you come?
3 Will they eat?
4 Will we get off?
5 Will he check?
6 Will she finish?

Check Up B

1 Will you check your classroom?
2 Will they get off there?
3 Will you eat breakfast?
4 Will she finish her homework?
5 Will they come to my house today?
6 Will he drink orange juice?

Listen Up A

1 Will, they
2 Will, you
3 Will, I
4 Will, he
5 Will, she
6 Will, get

Speak Up A

1 Will you eat lunch?
2 Will he get off there?
3 Will you check here?
4 Will she drink coffee?
5 Will you run to the park?
6 Will Jimmy finish his work?
7 Will we go to the hospital?
8 Will he watch the TV?
9 Will she cut the paper?
10 Will your father go to New York?
11 Will you wear the blue shirt?
12 Will they get off at the library?

Unit 15

Check Up A

1 can see
2 can finish
3 cannot go
4 cannot eat
5 can't take off
6 cannot buy
7 can take a rest
8 Can I go?
9 Can we sit?
10 Can I buy it?

Check Up B

1 He cannot see them.
2 She can speak Korean.
3 John can't finish his homework.
4 You can take a rest here.
5 Can we go home now?
6 Can I have a seat here?

Listen Up A

1 can, buy
2 can't, finish
3 Can, get
4 Can, go
5 can't, take
6 Can, drink

1 You cannot make the gloves.
2 I can buy a pencil.
3 Can he go home now?
4 You cannot come here.
5 I cannot take off my boots.
6 Jenny can sing.
7 Can we see the ocean?
8 She can answer.
9 You can meet us.
10 Can we cook that?
11 I can't eat pickles.
12 Can you read fairy tales?

Unit 16

Check Up A

1 He cleans
2 She drives
3 He fixes
4 She studies
5 We need
6 My sister goes
7 My friend eats
8 The bird flies
9 People wear
10 My cat cries

Check Up B

1 She sometimes eats pizza.
2 John studies science after school.
3 My brother cleans his room.
4 They think it is okay.
5 His mother drives.
6 Chris always wears a cap.

Listen Up A

1 cleans
2 eats
3 goes
4 drives
5 wears
6 needs

Speak Up A

1 Her cat cries.
2 She cleans the living room.
3 He sometimes wears a hat.
4 My sister goes to the store.
5 She always smiles.
6 My friend speaks German.
7 He fixes his computer.
8 He thinks it is good.
9 She makes chairs and desks.
10 Your friend needs a calendar.
11 My dad usually helps me.
12 Jina goes home after school.

Unit 17

Check Up A

1 He has
2 This has
3 This has
4 This cup has
5 She has
6 This place has
7 This room has
8 My bags have
9 These pens have
10 My mom has

Check Up B

1 He has a pencil.
2 This bag has a pocket.
3 This has two straps.
4 My dad has short hair.
5 This desk has four legs.
6 This building doesn't have an elevator.

Listen Up A

1 has
2 This, has
3 She, has
4 This, has
5 That, has
6 has

Speak Up A

1 I have a battery.
2 This dress has patterns.
3 This pot has a handle.
4 This window has curtains.
5 This room has an air conditioner.
6 These pants have zippers.
7 My friend has blue eyes.
8 This cake has some cherries.
9 They have a big house.
10 My dad has a big nose.
11 This classroom has many empty seats.
12 This jar doesn't have a lid.

Unit 18

Check Up A

1 I have
2 She has
3 It doesn't have
4 This car has
5 That room has
6 That didn't have
7 They had
8 Does it have?
9 Did it have?
10 My room had

Check Up B

1 It doesn't have a battery.
2 My room has a beautiful view.
3 This bag had patterns.
4 Did this place have two bathrooms?
5 Do they have a great restaurant here?
6 This hotel didn't have a swimming pool.

Listen Up A

1 Does, have
2 This, has
3 That, had
4 They, have
5 doesn't, have
6 Do, have

Speak Up A

1 I have my swimsuit.
2 He doesn't have glue.
3 This room doesn't have windows.

4 Does this place have bathrooms?
5 She didn't have tape.
6 Do you have a purple hat?
7 We don't have sunblock.
8 This umbrella had patterns.
9 Did this classroom have desks?
10 I don't have a hairband.
11 Do you have a stapler?
12 They have a small zoo here.

Unit 19

Check Up A

1 am
2 is
3 are
4 is
5 is
6 is
7 is
8 is
9 are
10 are

Check Up B

1 She is my teacher.
2 They are Koreans.
3 That is his mouse.
4 You are my friends.
5 Those are our books.
6 This is my father.

Listen Up A

1 I, am
2 Her, is

3 We, are
4 It, is
5 They, are
6 This, is

Speak Up A

1 We are family.
2 He is my son.
3 It is my car.
4 I am Korean.
5 Her bag is yellow.
6 It is her mouse.
7 You are my friend.
8 Ben is my brother.
9 She is my sister.
10 That is his house.
11 They are my friends.
12 This keyboard is black.

Unit 20

Check Up A

1 am not
2 is not
3 are not
4 is not
5 are not
6 isn't
7 aren't
8 isn't
9 aren't
10 isn't

Check Up B

1 We are not friends.
2 He is not my son.
3 These pants are not black.

4 These are not baseballs.

5 They are not your books.

6 She is not your teacher.

Listen Up A

1 is, not

2 am, not

3 is, not

4 are, not

5 are, not

6 is, not

Speak Up A

1 You are not my friend.

2 I am not a doctor.

3 He is not my brother.

4 We are not your family.

5 They are not your clothes.

6 She is not your daughter.

7 Kevin is not her cousin.

8 These are not dolls.

9 This skirt is not pink.

10 My comb is not brown.

11 Those are not my toys.

12 Harry is not a high school student.

Unit 21

Check Up A

1 was

2 am not

3 were

4 is not

5 was not

6 was

7 were not

8 Was

Check Up B

1 They were not students.

2 It is cold water.

3 This is not sugar.

4 Was he 10 years old last year?

5 Are they Korean?

6 Was it you?

Listen Up A

1 was

2 Is

3 was

4 was, not

5 Is, she

6 They, were

Speak Up A

1 I was a writer.

2 It was hot soup.

3 You were my students.

4 It was not a black car.

5 You were a singer.

6 She is my sister.

7 That is not my cheese.

8 They were my teachers.

9 Was he a police officer?

10 I was not your friend.

11 This was not his room.

12 Were you 12 years old last year?

Unit 22

Check Up A

1 am

2 is not

3 are

4 Is

5 were

6 Were

7 was

8 Was

Check Up B

1 I was there.

2 She is with her family.

3 Are they at home?

4 You were not here.

5 My car was not in the garage.

6 I was with Mom in Seoul.

Listen Up A

1 We, are

2 was, at

3 is, here

4 Are, there

5 was, on

6 was, in

Speak Up A

1 She is with him.

2 Are you at home?

3 I was not in Seoul.

4 I was at school.

5 She is in Paris.

6 He is not here.

7 I was with my girlfriend.

8 Was your friend there?

9 My dad was in the kitchen.

10 Were you at the park?

11 We are in the living room.

12 Were you at the gym?

Unit 23

Check Up A

1 is near them

2 are far from us

3 is on her

4 was above me

5 am by my mom

6 were behind your house

Check Up B

1 They were in front of the table.

2 Sally was by the chair.

3 My umbrella is under the table.

4 The book is on the desk.

5 My mom is near me.

6 Busan is far from Seoul.

Listen Up A

1 behind

2 far, from

3 is, under

4 are, on

5 is, near

6 in, front, of

Speak Up A

1 I was by the table.

2 He is near me.

3 She is by the bus.

4 We are in front of the station.

5 The dog was on the mat.

6 The cup is far from the shelf.

7 The bird is above the tree.

8 She was under the bridge.

9 They are behind my friend.

10 Jim was far from here.

11 I was near the store.

12 The clock is on the wall.

Unit 24

Check Up A

1 will be

2 will be

3 will be

4 will be

5 will be

6 won't be

7 won't be

8 won't be

9 won't be

10 will not be

Check Up B

1 I will be a doctor.

2 My brother will be a student next year.

3 They will be there.

4 He won't be at school on Saturday.

5 Will you be a teacher?

6 Will your mother be at home?

Listen Up A

1 will, be

2 won't, be

3 will, on

4 will, be

5 will, be

6 Will, under

Speak Up A

1 I will be a nurse.

2 They will be here.

3 He will not be at school tomorrow.

4 Will you be in your room?

5 I won't be at home.

6 We will be inventors.

7 She will be far from here.

8 The towel will be in the basket.

9 He won't be at home on Wednesday.

10 Will you be in London next week?

11 Be quiet.

12 Be here with your mother.

Unit 25

Check Up A

1 is short

2 was busy

3 were hungry

4 am smart

5 are pretty

6 will be tired

7 will be sleepy

8 was thirsty

9 am ugly

10 is long

Check Up B

1 I was thirsty.
2 They are very smart.
3 The doctor was tired.
4 This pencil will be short.
5 My teacher is always busy.
6 The dog is ugly.

Listen Up A

1 hungry
2 was, tired
3 were, busy
4 was, thirsty
5 am
6 are, smart

Speak Up A

1 Tom was tired.
2 I am sleepy.
3 He is thirsty.
4 She was busy.
5 The shoes are big.
6 My pants are short.
7 I am beautiful.
8 We are happy.
9 The tea is hot.
10 Your friend was surprised.
11 The lemon is yellow.
12 This eraser will be short.

Unit 26

Check Up A

1 a pen
2 the book
3 an orange
4 cups

5 buses
6 apples
7 leaves
8 the cities
9 the party
10 dishes

Check Up B

1 My friend bought the book.
2 I ate an orange.
3 My dad brought a car.
4 The bus is yellow.
5 The boxes are big.
6 He saw many wolves.

Listen Up A

1 a, pencil
2 oranges
3 an, apple
4 leaves
5 cups
6 A, dish

Speak Up A

1 I have a spoon.
2 You bought a toothbrush.
3 My mom brought a box.
4 He ate a banana.
5 The rabbit is white.
6 She saw many ducks.
7 My friend has a ruler.
8 We have red T-shirts.
9 I visited the cities.
10 They left the umbrellas.
11 You boiled the eggs.
12 We cleaned our bedroom.

Unit 27

Check Up A

1 I have
2 He studies
3 She brought
4 We don't like
5 They are here
6 You won't be
7 Can I go?
8 He can't buy
9 I didn't keep
10 I didn't lose

Check Up B

1 You will be fine.
2 He didn't leave it here.
3 You lost your pen.
4 They will be at home.
5 Can you come today?
6 She is not a teacher.

Listen Up A

1 brought
2 Can, eat
3 will, be
4 was
5 have
6 goes

Speak Up A

1 She doesn't know him.
2 Will you go with me?
3 They will be fine.
4 Can I borrow your pencil?
5 I contacted him.
6 I will send you a message.
7 Her pants are long.

8 He told me a story.

9 I can handle this.

10 We won the game.

11 They swept the floor.

12 Can you remember the song?

Unit 28

1 want to buy

2 want to take

3 want to come

4 want to drink

5 want to meet

6 like to see

7 like to play

8 don't like to study

9 don't want to take

10 didn't want to do

Check Up   B

1 I want to play with you.

2 Tom wants to eat pizza.

3 They don't want to take it.

4 We don't like to study.

5 I want to meet her.

6 He wants to come here.

Listen Up   A

1 likes, to

2 want, to

3 to, drink

4 to, bring

5 to, play

6 wants, see

Speak Up   A

1 I want to come here.

2 He wants to see me.

3 We don't like to study science.

4 Emily wants to eat sausages.

5 I want to meet your friend.

6 We want to show the classroom.

7 They don't want to go there.

8 She likes to exercise with her friend.

9 They like to hang out together.

10 I want to share this pizza with you.

11 He likes to keep a diary every day.

12 He doesn't like to use a calculator.

Unit 29

Check Up   A

1 want to drink

2 want to be

3 like to build

4 started to laugh

5 began to cry

6 continue to see

7 don't like to do

8 don't plan to go

9 hopes to make

10 need to be busy

Check Up   B

1 I want to be a scientist.

2 He began to laugh first.

3 She hopes to meet him.

4 We will continue to study math.

5 John needs to read many books.

6 The man started to build the building.

Listen Up   A

1 to, laugh

2 to, read

3 hope, see

4 to, build

5 continued, to

6 started, to

Speak Up   A

1 I want to be an astronaut.

2 We began to laugh.

3 She liked to swim.

4 We will continue to study English.

5 My friend needs to relax.

6 They hope to stay here.

7 I plan to go home.

8 He started to make the robot.

9 My brother needs to read books.

10 He began to draw a picture.

11 He decided to build the apartment.

12 My mom continued to work in the office.

Unit 30

1 came to see
2 goes to meet
3 will go to order
4 comes to play
5 went to buy
6 bought to make
7 write to check
8 is here to play
9 was there to see
10 was here to meet

Check Up B

1 Tommy came here to see a movie.
2 I was here to see a doctor.
3 We bought onions to make burgers.
4 He will go to Busan to eat fish.
5 I am standing in line to order.
6 Are you here to meet him?

Listen Up A

1 to, order
2 to, read
3 to, see
4 to, buy
5 to, watch
6 to, wear

Speak Up A

1 I came here to see my mom.
2 He went there to order.
3 She went to the school to find it.
4 My friend came here to see a doctor.
5 We were here to sleep.
6 I went to the park to walk.
7 He went to the library to concentrate.
8 We went there to dance.
9 He ran to catch the ball.
10 I brought my scissors to cut the paper.
11 I jumped to reach the tree.
12 She tried to finish the work.

Unit 31

Check Up A

1 Who knows me?
2 Who lives here?
3 Who did this?
4 Who will go there tomorrow?
5 Who was in this swimming pool?
6 Who can answer the questions?
7 What makes you happy?
8 Who brought this juice?
9 Who was at home last night?
10 Who ate the bread on the table?
11 Who came here last weekend?
12 Who will visit him next week?

Listen Up A

1 Who
2 Who, will
3 What
4 Who
5 Who, ate
6 Who

Speak Up A

1 Who came here?
2 Who did that?
3 What makes you sad?
4 Who will come here tomorrow?
5 Who brought this radio?
6 Who ate this pineapple?
7 Who found this truck?
8 Who kicked the ball?
9 Who needs this camera?
10 Who fixed this machine?
11 Who made this sweater?
12 Who will come here next year?

Unit 32

Check Up A

1 What did they eat for dinner?
2 When will you go shopping?
3 Where did she get off?
4 Which pen do you want?
5 Who does she like?
6 What was that?
7 Where do we kick balls?
8 When will they practice soccer?
9 What do you have for

breakfast?

10 Why is your father angry?

11 Who is the man near the door?

12 Which will you order, pasta or pizza?

Listen Up A

1 What, do
2 Which, will
3 Where, did
4 Where, do
5 When, do
6 What, did

Speak Up A

1 What do you have for lunch?
2 Which color do they want?
3 Who is your father?
4 Who does he like?
5 When did she work?
6 Which animal do you like?
7 Which flag is ours?
8 Why did he go to the bank?
9 Where will we perform?
10 Why does she apologize?
11 Who is the woman near the kitchen?
12 When will you go to the post office?

Unit 33

Check Up A

1 here to see
2 here to meet
3 to study English

4 to find a key
5 to buy shoes
6 is for her
7 is for us
8 is for women
9 is for men
10 is for my mom

Check Up B

1 I am here to buy a toy.
2 We went to see a doctor.
3 The cereal is for breakfast.
4 The bike was for you.
5 This movie is not for kids.
6 This is for women and that is for men.

Listen Up A

1 to
2 for
3 for
4 to
5 for
6 for

Speak Up A

1 This lamp is for you.
2 I am here to eat salad.
3 This movie is for kids.
4 He went there to help you.
5 I borrowed a jump rope for you.
6 My friend was here to play with me.
7 These chairs are for guests.
8 We went to France to travel.
9 He made a scarf for his mom.
10 We went there to meet our

teacher.

11 They are here to change the batteries.

12 This soccer ball is for the game.

Unit 34

Check Up A

1 that she comes
2 that we want
3 that he likes
4 that it is cold
5 that I am pretty
6 that this is hard
7 that he has time
8 that I like this
9 that they're kind
10 that she is tall

Check Up B

1 I think that she has time.
2 My friend says that this is easy.
3 They say that they don't like ice cream.
4 He says that he has a lot of money.
5 I think that spring comes.
6 Don't think that we want this.

Listen Up A

1 thinks, that
2 think, that
3 says, that
4 that, comes
5 think, that

6 that, have

1 I think that we have time.
2 I think that autumn comes.
3 He says that he wants this.
4 She says that she has a lot of cardigans.
5 I think that I need more time.
6 She says that she lives here.
7 Don't say that you are late.
8 They say that you like hockey.
9 Don't think that I go with you.
10 We think that he cooks some chicken.
11 They think that he will arrive early.
12 Don't say that I ignore you.

Unit 35

Check Up A

1 be wearing
2 be sitting
3 be driving
4 be coming
5 be running
6 is working
7 are making
8 am putting on
9 are cleaning
10 is drinking

Check Up B

1 We are drinking strawberry juice.
2 They clean the room every day.
3 She is eating a hamburger now.
4 He is making a robot now.
5 My dad works every day.
6 My sister is wearing a red dress.

Listen Up A

1 am, drinking
2 are, wearing
3 is, sitting
4 is, working
5 am, making
6 are, studying

Speak Up A

1 She is working now.
2 They are eating snacks.
3 He is drinking some tea.
4 My sister is making a ribbon.
5 I am relaxing in my room.
6 He is chatting with his friend.
7 I am talking to her.
8 She is drawing a picture now.
9 My mom is cleaning the room now.
10 He is sending a message to her.
11 They are dancing on the stage.
12 My dad is teaching history.

Unit 36

Check Up A

1 is not wearing
2 am not eating
3 are not getting
4 aren't meeting
5 isn't reading
6 Are you reading?
7 Is she saying?
8 Are they buying?
9 Is he meeting?
10 Are you eating?

Check Up B

1 He is not studying math.
2 They don't live in Seoul.
3 I am not wearing a watch.
4 Do they eat meat?
5 Is she wearing the yellow boots?
6 Are you reading the story these days?

Listen Up A

1 Is, wearing
2 not, eating
3 Are, reading
4 is, buying
5 Are, meeting
6 not, saying

Speak Up A

1 Are they eating mangoes?
2 She is not wearing a raincoat.
3 Are you studying math?
4 I am not drinking juice.
5 Are you following him?

6 We are not waiting for him.

7 Are they carrying their suitcases?

8 He is not walking on the street.

9 Is she checking the subway ticket?

10 They are not looking at the screen.

11 Is he changing his plan?

12 She is not selling electronic devices.

Unit 37

Check Up   A

1 make it warm
2 make it big
3 make it cold
4 make it smooth
5 make it sweet
6 make it white
7 make it hard
8 make it small
9 make it long
10 make it

Check Up   B

1 Make it short.
2 Please make this part smooth.
3 Make this part black.
4 Don't make it hard.
5 Please don't make this food spicy.
6 Don't make him angry, please.

Listen Up   A

1 made, it
2 Make, it
3 Don't, make
4 Make, it
5 Don't, make
6 Make

Speak Up   A

1 Make it sweet.
2 Don't make it easy.
3 Make it long.
4 Make it cozy.
5 Make it clean.
6 You make me sad.
7 Please make these shoes purple.
8 You make me bored.
9 Don't make this problem difficult.
10 She makes me proud.
11 Please make this headband big.
12 Don't make this candle glow.

Unit 38

Check Up   A

1 chairs and desks
2 poor but happy
3 brought it and changed it
4 like to listen to music and play the violin
5 She can swim, but she can't skate.

6 I finished writing, but he didn't finish it.

Check Up   B

1 Please bring it and make it small.
2 We will take the book and study it.
3 I need shoes, but I don't need socks.
4 We brought it and left it here.
5 They brought them and washed them.
6 Want to buy this?

Listen Up   A

1 Want
2 helped, and
3 brought, and
4 left, but
5 but, didn't
6 studied, and

Speak Up   A

1 Ate dinner?
2 I tried, but I didn't make it.
3 We took the book, but didn't read it.
4 He needs a comb, but doesn't need a hairband.
5 I bought sunglasses and wore them.
6 He likes her, but she doesn't like him.
7 She can speak Korean, but can't speak Chinese.
8 They walked to the park and played soccer.

- ~위에 above
- 오후 afternoon
- 다시 again
- 에어컨 air conditioner
- 모두 all
- 많은 a lot of
- 항상 always
- 동물 animal
- 정답 answer
- 아무것도 anything
- 아파트 apartment
- 사과하다 apologize
- 사과 apple
- 도착하다 arrive
- 질문하다 ask
- 우주비행사 astronaut
- ~(장소)에 at
- 집에 at home
- 가을 autumn
- 가방 bag
- 공 ball
- 풍선 balloon
- 바나나 banana
- 은행 bank
- 야구, 야구공 baseball
- 바구니 basket
- 농구, 농구공 basketball
- 욕실, 화장실 bathroom
- 건전지 battery
- 아름다운 beautiful
- 침대 bed
- 침실 bedroom
- 시작하다 begin
- ~뒤에 behind
- 큰 big
- 새 bird
- 검정색 black
- 흑설탕 black sugar
- 담요 blanket
- 파랑색 blue
- 삶다 boil
- 책 book
- 부츠 boots

- 지루한 bored
- 빌리다 borrow
- 병 bottle
- 상자 box
- 빵 bread
- 깨다 break
- 아침식사 breakfast
- 다리 bridge
- 가지고오다 bring
- 브로콜리 broccoli
- 남자형제 brother
- 갈색 brown
- 짓다 build
- 버거 burger
- 버스 bus
- 버스 정류장 bus stop
- 부산 Busan
- 바쁜 busy
- 단추 button
- 사다 buy
- ~옆에 by
- 케이크 cake
- 계산기 calculator
- 달력 calendar
- 전화하다 call
- 카메라 camera
- 양초 candle
- 모자 cap
- 자동차 car
- 카디건 cardigan
- 주의하여 carefully
- 들고 있다 carry
- 고양이 cat
- 잡다 catch
- 휴대폰 cell phone
- 의자 chair
- 교체하다 change
- 이야기하다 chat
- 체크하다 check
- 치즈 cheese
- 체리 cherry
- 체스 chess
- 닭 chicken

- 중국어 Chinese
- 도시 city
- 청소하다, 깨끗한 clean
- 오르다 climb
- 시계 clock
- 옷장 closet
- 옷 clothes
- 동아리 club
- 커피 coffee
- 콜라 cola
- 차가운 cold
- 색깔 color
- 색연필 colored pencil
- 빗 comb
- 오다 come
- 만화책 comic book
- 컴퓨터 computer
- 집중하다 concentrate
- 콘서트 concert
- 연락하다 contact
- 계속하다 continue
- 요리하다 cook
- 사촌 cousin
- 포근한 cozy
- 울다 cry
- 컵 cup
- 카레 curry
- 커튼 curtain
- 자르다 cut
- 춤추다 dance
- 딸 daughter
- 결정하다 decide
- 치과 dental clinic
- 책상 desk
- 세제 detergent
- 어려운 difficult
- 저녁식사 dinner
- 접시 dish
- 의사 doctor
- 강아지 dog
- 인형 doll
- 시내 downtown
- 그리다, 끌다 draw

- 드레스 dress
- 마시다 drink
- 운전하다 drive
- 내려주다 drop off
- 오리 duck
- 일찍 early
- 쉬운 easy
- 먹다 eat
- 달걀 egg
- 전자기기 electronic device
- 엘리베이터 elevator
- 이메일 email
- 빈 empty
- 영어 English
- 지우개 eraser
- 운동하다 exercise
- 동화책 fairy tale
- 가족 family
- 선풍기 fan
- ~에서 멀리 far from
- 아버지 father
- 찾다 find
- (알갱이가) 고운 fine
- 끝내다 finish
- 소방관 firefighter
- 물고기 fish
- 고치다 fix
- 깃발 flag
- 바닥 floor
- 따라가다 follow
- 포크 fork
- 게임 game
- 차고 garage
- 독일어 German
- 받다 get
- 태워주다 give a ride
- 내리다 get off
- 선물 gift
- 여자친구 girlfriend
- 주다 give
- 장갑 gloves
- 빛나다 glow
- 풀 glue

- 가다 go
- 자러 가다 go to bed
- 좋은 good
- 포도 grape
- 회색 gray
- 땅 ground
- 손님 guest
- 기타 guitar
- 체육관 gym
- 머리카락 hair
- 머리끈 hairband
- 손잡이, 다루다 handle
- 잘생긴 handsome
- 놀다 hang out
- 전화를 끊다 hang up
- 행복한 happy
- 어려운 hard
- 모자 hat
- 싫어하다 hate
- 가지다 have
- 앉다 have a seat
- 머리 head
- 머리띠 headband
- 돕다 help
- 여기 here
- 고등학생 high school student
- 역사 history
- 하키 hockey
- 잡고 있다 hold
- 집 home
- 바라다 hope
- 병원 hospital
- 뜨거운 hot
- 집 house
- 배고픈 hungry
- 아이스크림 ice cream
- 무시하다 ignore
- ~(장소)안에 in
- ~앞에 in front of
- 잉크 ink
- 발명가 inventor
- 초대하다 invite
- 재킷 jacket

- 일본인 Japanese
- 병 jar
- 젤리 jelly
- 가입하다 join
- 주스 juice
- 점프하다 jump
- 줄넘기 jump rope
- 가지고 있다 keep
- 일기 쓰다 keep a diary
- 열쇠 key
- 키보드 keyboard
- 차다 kick
- 아이 kid
- 부엌 kitchen
- 연필 kite
- 알다 know
- 한국어 Korean
- 숙녀 lady
- 램프 lamp
- 어젯밤 last night
- 지난 주 last week
- 늦은 late
- 웃다 laugh
- 나뭇잎 leaf
- 배우다 learn
- 두고 오다 leave
- 레몬 lemon
- 수업 lesson
- 편지 letter
- 도서관 library
- 뚜껑 lid
- 구명조끼 life jacket
- 좋아하다 like
- 듣다 listen to
- 살다 live
- 거실 living room
- 긴 long
- ~을 보다 look at
- 잃어버리다 lose
- 큰 소리로 loudly
- 사랑하다 love
- 점심식사 lunch
- 도시락 lunchbox

- 기계 machine
- 만들다 make
- 남성 man
- 망고 mango
- 많은 many
- 매트 mat
- 수학 math
- 음식 meal
- 고기 meat
- 약 medicine
- 만나다 meet
- 메시지 message
- 우유 milk
- 거울 mirror
- 그리워하다 miss
- 돈 money
- 대걸레 mop
- 더 많은 more
- 산 mountain
- 마우스 mouse
- 옮기다 move
- 영화 movie
- 음악 music
- ~가까이에 near
- 목 neck
- 목걸이 necklace
- 필요하다 need
- 뉴욕 New York
- 다음 주 next week
- 좋은 nice
- 밤 night
- 코 nose
- 공책 notebook
- 소설책 novel
- 지금 now
- 간호사 nurse
- 바다 ocean
- 사무실 office
- 자주 often
- ~위에 on
- 통화 중 on the phone
- 양파 onion
- 오렌지 orange
- 주문하다 order
- 싸다 pack

- 잠옷 pajamas
- 바지 pants
- 종이 paper
- 파리 Paris
- 공원 park
- 파티 party
- 무늬 pattern
- 연필 pencil
- 필통 pencil case
- 공연하다 perform
- 피아노 piano
- 선택하다 pick
- 피클 pickle
- 그림 picture
- 베개 pillow
- 파인애플 pineapple
- 피자 pizza
- 계획 plan
- 접시 plate
- 경기하다 play
- 놀이터 playground
- 놀이방 playroom
- 주머니 pocket
- 경찰관 police officer
- 우체국 post office
- 냄비 pot
- 감자칩 potato chip
- 연습하다 practice
- 선물 present
- 예쁜 pretty
- 문제 problem
- 프로젝트 project
- 자랑스러운 proud
- 보라색 purple
- 두다 put
- 입다 put on
- 질문하다 question
- 토끼 rabbit
- 라디오 radio
- 비가 오다 rain
- 우비 raincoat
- 면도기 razor
- 닿다 reach
- 읽다 read
- 빨강색 red

- 쉬다 relax
- 기억하다 remember
- 식당 restaurant
- 화장실 restroom
- 리본 ribbon
- 로봇 robot
- 방 room
- 자 ruler
- 달리다 run
- 슬픈 sad
- 샐러드 salad
- 소금 salt
- 짠 salty
- 샌드위치 sandwich
- 소시지 sausage
- 구하다 save
- 스카프 scarf
- 학교 school
- 과학 science
- 가위 scissors
- 화면 screen
- 보다 see
- 팔다 sell
- 보내다 send
- 서울 Seoul
- 나누다 share
- 선반 shelf
- 셔츠 shirt
- 신발 shoes
- 쇼핑몰 shopping mall
- 짧은 short
- 보여주다 show
- 노래하다 sing
- 가수 singer
- 여자형제 sister
- 앉다 sit down
- 스케이트 타다 skate
- 치마 skirt
- 하늘 sky
- 자다 sleep
- 졸린 sleepy
- 슬리퍼 slippers
- 작은 small
- 똑똑한 smart
- 웃다 smile

- 부드러운 smooth
- 간식 snack
- 운동화 sneakers
- 그렇게 so
- 축구 soccer
- 축구 공 soccer ball
- 양말 socks
- 탄산음료 soda
- 소파 sofa
- 가끔 sometimes
- 아들 son
- 수프 soup
- 스파게티 spaghetti
- 스페인어 Spanish
- 말하다 speak
- 매운 spicy
- 숟가락 spoon
- 봄 spring
- 무대 stage
- 스테이플러 stapler
- 정류장 station
- 머무르다 stay
- 가게 store
- 동화책 storybook
- 끈 strap
- 딸기 strawberry
- 거리 street
- 학생 student
- 공부하다 study
- 봉제인형 stuffed animal
- 지하철 subway
- 설탕 sugar
- 여행 가방 suitcase
- 여름 summer
- 선크림 sunblock
- 선글라스 sunglasses
- 응원하다 support
- 놀란 surprised
- 초밥 sushi
- 스웨터 sweater
- 쓸다 sweep
- 달콤한 sweet
- 수영하다 swim
- 수영복 swimsuit
- 탁자 table

- 타코 taco
- 가져가다 take
- 쉬다 take a rest
- 샤워하다 take a shower
- 벗다 take off
- 말하다 talk to
- 테이프 tape
- 차 tea
- 가르치다 teach
- 선생님 teacher
- 말하다 tell
- 테니스 tennis
- 텐트 tent
- 교과서 textbook
- 거기에 there
- 생각하다 think
- 목마른 thirsty
- 시간 time
- 피곤한 tired
- 오늘 today
- 함께 together
- 내일 tomorrow
- 칫솔 toothbrush
- 수건 towel
- 도시 town
- 장난감 toy
- 여행하다 travel
- 나무 tree
- 트럭 truck
- 노력하다 try
- 티셔츠 T-shirt
- 거북이 turtle
- 쌍둥이 twins
- 못생긴 ugly
- 우산 umbrella
- 삼촌 uncle
- ~아래 under
- 이해하다 understand
- 유니폼 uniform
- 평소에 usually
- 야채 vegetable
- 경치 view
- 바이올린 violin
- 방문하다 visit
- 기다리다 wait

- 걷다 walk
- 벽 wall
- 지갑 wallet
- 원하다 want
- 따뜻한 warm
- 씻다 wash
- 보다 watch
- 물 water
- 입다 wear
- 수요일 Wednesday
- 주말 weekend
- 잘 well
- 바퀴 wheel
- 흰색 white
- 이기다 win
- 창문 window
- 전선 wire
- 여성 woman
- 일하다 work
- 쓰다 write
- 작가 writer
- 노란색 yellow
- 어제 yesterday
- 요요 yo-yo
- 지퍼 zipper
- 동물원 zoo

이시원 선생님의
어린이 기초 말하기 ❶

초판 1쇄 발행 2019년 9월 5일
개정 5쇄 발행 2022년 4월 15일

지은이 시원스쿨
펴낸곳 (주)에스제이더블유인터내셔널
펴낸이 양홍걸 이시원

홈페이지 www.siwonschool.com
주소 서울시 영등포구 국회대로74길 12 남중빌딩 시원스쿨
교재 구입 문의 02)2014-8151
고객센터 02)6409-0878

ISBN 979-11-6150-261-8
Number 1-020303-12120900-04